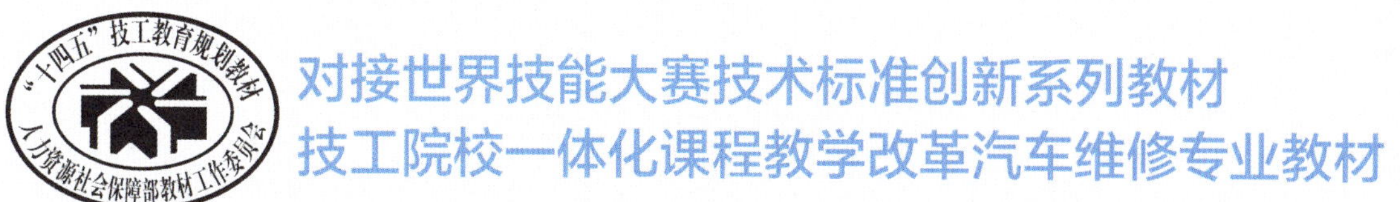

汽车发动机简单故障检修（二）

人力资源社会保障部教材办公室　组织编写

中国劳动社会保障出版社

内容简介

本套教材为对接世赛标准深化一体化专业课程改革汽车维修专业教材，学习内容对接世赛汽车技术、车身修理、汽车喷漆项目，学习目标融入世赛要求，考核标准对接世赛技能标准，考核评价方法参照世赛评分方案，并设置了世赛知识栏目。

本书主要内容包括汽车发动机动力不足故障检修、汽车发动机异响故障检修、汽车发动机机油警告灯亮故障检修、汽车发动机故障警告灯亮故障检修。

图书在版编目（CIP）数据

汽车发动机简单故障检修．二 / 人力资源社会保障部教材办公室组织编写．-- 北京：中国劳动社会保障出版社，2022

对接世界技能大赛技术标准创新系列教材　技工院校一体化课程教学改革汽车维修专业教材

ISBN 978-7-5167-5361-3

Ⅰ．①汽…　Ⅱ．①人…　Ⅲ．①汽车 - 发动机 - 车辆修理 - 技工学校 - 教材　Ⅳ．①U472.43

中国版本图书馆 CIP 数据核字（2022）第 182634 号

中国劳动社会保障出版社出版发行

（北京市惠新东街 1 号　邮政编码：100029）

*

北京市白帆印务有限公司印刷装订　　新华书店经销

880 毫米 ×1230 毫米　16 开本　13.25 印张　308 千字

2022 年 11 月第 1 版　　2026 年 2 月第 5 次印刷

定价：39.00 元

营销中心电话：400-606-6496

出版社网址：http://www.class.com.cn

http://jg.class.com.cn

对接世界技能大赛技术标准创新系列教材

编审委员会

主　任：刘　康

副主任：张　斌　王晓君　刘新昌　冯　政

委　员：王　飞　翟　涛　杨　奕　张　伟　赵庆鹏　姜华平

　　　　杜庚星　王鸿飞

汽车维修专业课程改革工作小组

课 改 校：杭州技师学院　重庆五一技师学院

　　　　　云南交通技师学院　山东工程技师学院　广东省机械技师学院

　　　　　广州市工贸技师学院　山西交通技师学院　大连交通技师学院

　　　　　广州市交通技师学院　江苏省盐城技师学院

技术指导：郭七一

编　　辑：马　琳　伍召莉

本书编审人员

主　编：梁　登

副主编：梁家荣

参　编：谭佳庆　刘　文　黄丽文　廖曙洪

主　审：金君堂

序

世界技能大赛由世界技能组织每两年举办一届，是迄今全球地位最高、规模最大、影响力最广的职业技能竞赛，被誉为“世界技能奥林匹克”。我国于2010年加入世界技能组织，先后参加了五届世界技能大赛，累计取得36金、29银、20铜和58个优胜奖的优异成绩。第46届世界技能大赛将在我国上海举办。2019年9月，习近平总书记对我国选手在第45届世界技能大赛上取得佳绩作出重要指示，并强调，劳动者素质对一个国家、一个民族发展至关重要。技术工人队伍是支撑中国制造、中国创造的重要基础，对推动经济高质量发展具有重要作用。要健全技能人才培养、使用、评价、激励制度，大力发展技工教育，大规模开展职业技能培训，加快培养大批高素质劳动者和技术技能人才。要在全社会弘扬精益求精的工匠精神，激励广大青年走技能成才、技能报国之路。

为充分借鉴世界技能大赛先进理念、技术标准和评价体系，突出“高、精、尖、缺”导向，促进技工教育与世界先进标准接轨，完善我国技能人才培养模式，全面提升技能人才培养质量，人力资源社会保障部于2019年4月启动了世界技能大赛成果转化工作。根据成果转化工作方案，成立了由世界技能大赛中国集训基地、一体化课改学校，以及竞赛项目中国技术指导专家、企业专家、出版集团资深编辑组成的对接世界技能大赛技术标准深化专业课程改革工作小组，按照创新开发新专业、升级改造传统专业、深化一体化专业课程改革三种对接转化原则，以专业培养目标对接职业描述、专业课程对接世界技能标准、课程考核与评价对接评分方案等多种操作模式和路径，同时融入健康与安全、绿色与环保及可持续发展理念，开发与世界技能大赛项目对接的专业人才培养方案、教材及配套教学资源。首批对接 19 个世界技能大赛项目共 12 个专业的成果将于 2020—2021 年陆续出版，主要用于技工院校日常专业教学工作中，充分发挥世界技能大赛成果转化对技工院校技能人才的引领示范作用。在总结经验及调研的基础上选择新的对接项目，陆续启动第二批等世界技能大赛成果转化工作。

希望全国技工院校将对接世界技能大赛技术标准创新系列教材，作为深化专业课程建设、创新人才培养模式、提高人才培养质量的重要抓手，进一步推动教学改革，坚持高端引领，促进内涵发展，提升办学质量，为加快培养高水平的技能人才作出新的更大贡献！

2020年11月

汽车维修专业一体化教学参考书目录（中级阶段）

序号	书名
1	汽车文化（第二版）
2	机械识图（第四版）
3	机械基础（第四版）
4	电工与电子技术基础（第四版）
5	汽车材料（第四版）
6	钳工技能训练（第四版）
7	汽车维修企业管理（第二版）
8	汽车发动机构造与维修（第二版）
9	汽车底盘构造与维修（第二版）
10	汽车电气设备构造与维修（第二版）
11	汽车维护与故障诊断（第三版）
12	汽车构造（第三版）
13	汽车维护
14	汽车空调
15	汽车电气设备（第二版）
16	汽车维修技术手册

汽车发动机简单故障检修对应的学习任务

教材名称	对应的学习任务
汽车发动机简单故障检修（一）	学习任务一　汽车发动机水温高故障检修
	学习任务二　汽车发动机不能启动故障检修
	学习任务三　汽车汽油发动机加速无力故障检修
	学习任务四　汽车柴油发动机加速无力故障检修
汽车发动机简单故障检修（二）	学习任务五　汽车发动机动力不足故障检修
	学习任务六　汽车发动机异响故障检修
	学习任务七　汽车发动机机油警告灯亮故障检修
	学习任务八　汽车发动机故障警告灯亮故障检修

目　　录

学习任务五　汽车发动机动力不足故障检修

学习目标

1. 能描述配气机构的作用、分类、组成及工作原理，明确汽车发动机动力不足故障的检修内容、检修流程及检修方法。

2. 能描述配气正时和配气相位的定义、正时机构的分类及各种分类的优缺点，正确理解配气相位中转角的含义，并能绘制配气相位图。

3. 能正确判断正时机构故障，并能进行正时机构的检查与更换。

4. 能描述凸轮轴的作用和结构，正确判断凸轮轴故障，并能进行凸轮轴的检查与更换。

5. 能描述气缸盖的作用、结构及分类，正确判断气缸盖故障，并能进行气缸盖的检查与更换。

6. 能描述气门组的作用和气门的工作条件，正确判断气门组故障，并能进行气门组的检查与更换。

7. 能描述气缸压缩压力的定义，分析造成气缸漏气的原因，正确使用气缸压力表和气缸漏气率检测仪进行气缸压力及漏气率检测。

8. 能描述气门间隙的定义、作用及其对发动机工作的影响，并能进行气门间隙的检测与调整。

9. 能对维修场地的相关设备进行日常维护与保养，按6S管理规定清理现场。

10. 能对相关资料、互联网资源进行检索，完成维修工单、工作页的填写。

11. 能展示工作成果，进行任务评价，总结工作经验，优化检修方案。

12. 能在作业过程中严格执行企业操作规范、安全生产制度、环保管理制度，严格遵守从业人员的职业道德，具有吃苦耐劳、爱岗敬业的工作态度和职业责任感。

建议学时

20学时。

工作情境描述

一车辆在行驶过程中出现发动机动力不足的现象，车主将该车辆送入维修站维修，经维修技师检查，初步判断为配气机构故障。汽车维修人员需要根据维修手册的相关要求，在规定时间内完成配气机构的检查与零部件的更换，完成后交付验收。

工作流程与活动

1. 配气机构的认知（2 学时）
2. 正时机构的检查与更换（2 学时）
3. 凸轮轴的检查与更换（4 学时）
4. 气缸盖的检查与更换（2 学时）
5. 气门组的检查与更换（2 学时）
6. 气缸密封性的检测（4 学时）
7. 气门间隙的检测与调整（2 学时）
8. 工作总结与评价（2 学时）

思维导图

- 学习任务五 汽车发动机动力不足故障检修
  - 学习活动1 配气机构的认知
    - 配气机构的作用、分类及组成
      - 配气机构的作用
      - 配气机构的分类
      - 配气机构的组成
    - 配气机构的工作原理
    - 认知实训车辆或实训台的配气机构
    - 汽车发动机动力不足故障分析
  - 学习活动2 正时机构的检查与更换
    - 配气正时的定义、正时机构的分类及优缺点
    - 配气相位的定义、转角含义及配气相位图
    - 制订检修方案
    - 检查与更换正时机构
      - 检查与更换正时传动带
        - 拆卸正时传动带
        - 检查正时传动带
        - 安装正时传动带
      - 检查与更换正时链条
        - 拆卸正时链条
        - 检查正时链条
        - 安装正时链条
  - 学习活动3 凸轮轴的检查与更换
    - 凸轮轴的作用和结构
    - 制订检修方案
    - 检查与更换凸轮轴
      - 拆卸凸轮轴
      - 检查凸轮轴
        - 检查凸轮轴外观
        - 测量凸轮轴弯曲度
        - 测量凸轮轴轴颈磨损度
        - 测量凸轮高度
      - 安装凸轮轴
  - 学习活动4 气缸盖的检查与更换
    - 气缸盖的作用、结构及分类
      - 气缸盖的作用
      - 气缸盖的结构和分类
    - 制订检修方案
    - 检查与更换气缸盖
      - 拆卸气缸盖
      - 检查气缸盖
        - 检查气缸盖外观
        - 测量气缸盖平面度
      - 安装气缸盖
  - 学习活动5 气门组的检查与更换
    - 气门组的作用和气门的工作条件
    - 制订检修方案
    - 检查与更换气门组
      - 拆卸气门组
      - 检查气门组
        - 检查气门组外观
        - 测量气门杆长度
        - 测量气门杆磨损度
        - 测量气门弹簧自然长度
      - 安装气门组
  - 学习活动6 气缸密封性的检测
    - 气缸压缩压力的定义
    - 气缸压力表的组成及使用
    - 气缸漏气率检测仪的组成及使用
    - 制订检修方案
    - 检测气缸密封性
      - 检测气缸压力
      - 检测气缸漏气率
  - 学习活动7 气门间隙的检测与调整
    - 气门间隙的定义和作用
    - 制订检修方案
    - 检测与调整气门间隙
      - 检测气门间隙
      - 调整气门间隙
  - 学习活动8 工作总结与评价
    - 工作总结
    - 综合评价
    - 学习任务五整体评价

学习活动1　配气机构的认知

学习目标

1. 能描述配气机构的作用、分类、组成及工作原理。

2. 能在发动机台架上正确找到配气机构相关的零部件。

3. 能通过查阅资料，明确汽车发动机动力不足故障的检修内容、检修流程及检修方法。

建议学时：2学时。

学习过程

一、配气机构的作用、分类及组成

1．配气机构的作用

简述配气机构的作用。

2．配气机构的分类

（1）按气门布置形式的不同，配气机构可分为______________、____________。

（2）按凸轮轴布置形式的不同，配气机构可分为__________、__________、__________。

3．配气机构的组成

配气机构可分为气门组和气门传动组两部分。

（1）查阅资料，根据图5–1–1所示气门组的结构，在表5–1–1中填写气门组各组成零部件的名称。

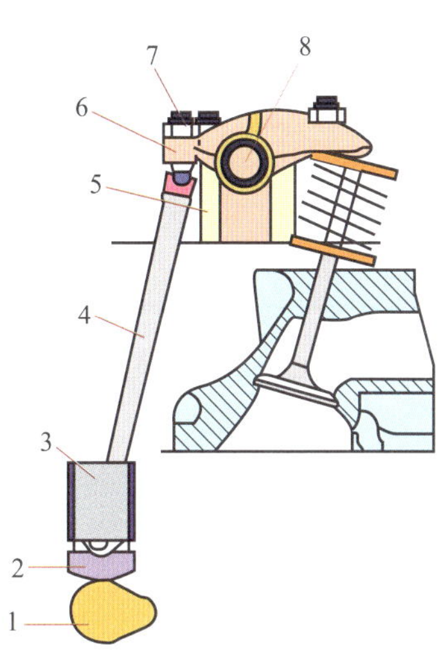

图 5-1-1　气门组的结构

表 5-1-1　气门组的组成零部件

零部件编号	名称	零部件编号	名称
1		5	
2		6	
3		7	
4		8	

（2）查阅资料，根据图 5-1-2 所示气门传动组的结构，在表 5-1-2 中填写气门传动组各组成零部件的名称。

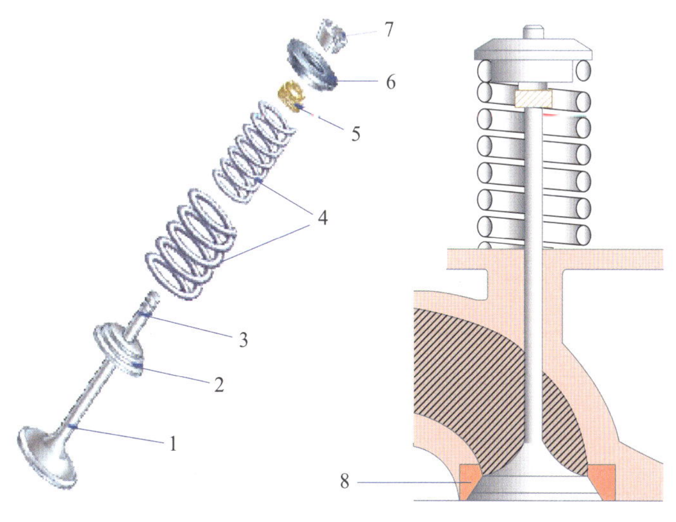

图 5-1-2　气门传动组的结构

表 5-1-2　　气门传动组的组成零部件

零部件编号	名称	零部件编号	名称
1		5	
2		6	
3		7	
4		8	

二、配气机构的工作原理

简述配气机构的工作原理。

三、认知实训车辆或实训台的配气机构

对照实训车辆或实训台的发动机配气机构，以小组为单位绘制一张配气机构工作原理简图，并向其他组展示和说明该机构各组成零部件的名称、作用和安装位置。

四、汽车发动机动力不足故障分析

汽车发动机动力不足可能是发动机配气机构故障导致的。根据你对发动机配气机构的了解，小组讨论汽车发动机动力不足时，应主要对发动机配气机构的哪些方面进行检修，以及对应的检修流程和检修方法等，将讨论结果填写在下面的横线上并向其他组展示和说明。

五、学习过程评价

学习过程评价见表 5-1-3。

表 5-1-3　　学习过程评价表

<table>
<tr><td>班级</td><td></td><td>姓名</td><td></td><td>学号</td><td></td><td>日期</td><td>年　月　日</td></tr>
<tr><td>序号</td><td colspan="4">评价要点</td><td>配分 / 分</td><td>得分</td><td>总评 / 分</td></tr>
<tr><td>1</td><td colspan="4">能正确识读和填写工作页，明确学习活动的要求</td><td>10</td><td></td><td rowspan="9">A □（86 ~ 100）
B □（76 ~ 85）
C □（60 ~ 75）
D □（60 以下）</td></tr>
<tr><td>2</td><td colspan="4">能描述配气机构的作用、分类及组成</td><td>10</td><td></td></tr>
<tr><td>3</td><td colspan="4">能查阅资料，分析配气机构的工作原理</td><td>20</td><td></td></tr>
<tr><td>4</td><td colspan="4">能对照实物，正确说出配气机构各组成零部件的名称、作用和安装位置</td><td>20</td><td></td></tr>
<tr><td>5</td><td colspan="4">能查阅资料，明确汽车发动机动力不足故障的检修内容、检修流程及检修方法</td><td>10</td><td></td></tr>
<tr><td>6</td><td colspan="4">能遵守劳动纪律，以积极的态度接受工作任务</td><td>10</td><td></td></tr>
<tr><td>7</td><td colspan="4">能积极参与小组讨论，发挥团队合作精神</td><td>10</td><td></td></tr>
<tr><td>8</td><td colspan="4">能及时完成教师布置的任务</td><td>10</td><td></td></tr>
<tr><td colspan="5">总　分</td><td>100</td><td></td></tr>
<tr><td>小结
建议</td><td colspan="7"></td></tr>
</table>

学习活动 2　正时机构的检查与更换

学习目标

1. 能描述配气正时的定义、正时机构的分类及各种分类的优缺点。

2. 能描述配气相位的定义及转角含义，并能绘制配气相位图。

3. 能正确判断正时机构故障，明确正时机构故障的检修内容和检修方法。

4. 能规范地完成正时传动带的检查与更换。

5. 能规范地完成正时链条的检查与更换。

建议学时：2 学时。

学习过程

一、配气正时的定义、正时机构的分类及优缺点

1．什么是配气正时?

2．简述正时机构的分类及其优缺点。

二、配气相位的定义、转角含义及配气相位图

1．什么是配气相位?

2．结合图 5-2-1 所示的配气相位图，理解进气提前角、进气迟后角、排气提前角、排气迟后角和气门重叠角的含义，并完成表 5-2-1 的填写。

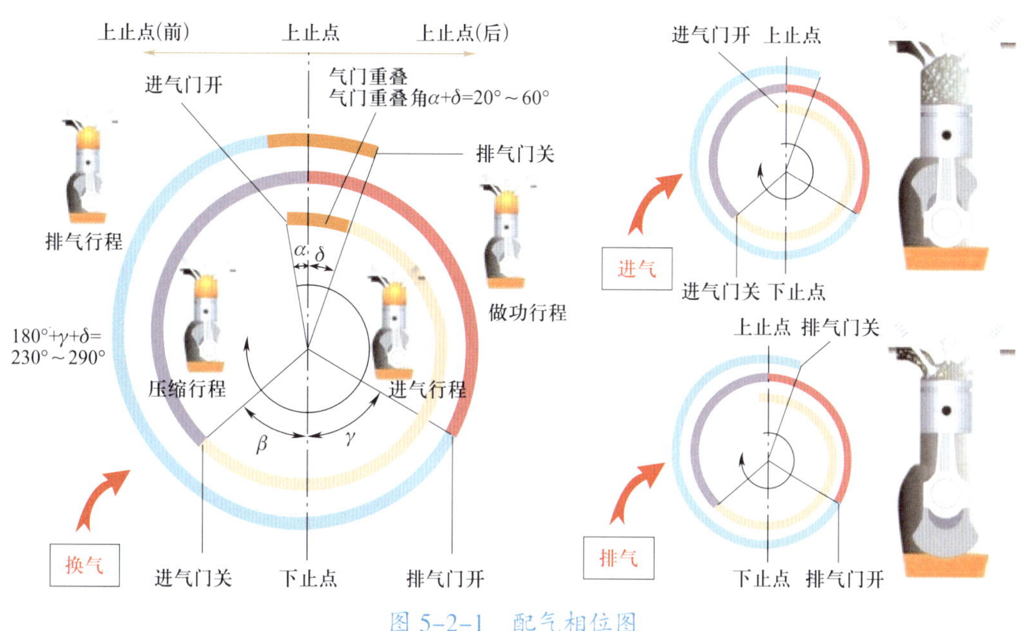

图 5-2-1　配气相位图

表 5-2-1　配气相位图中各转角的名称及含义

序号	名称	含义
1	进气提前角（α）	
2	进气迟后角（β）	
3	排气提前角（γ）	
4	排气迟后角（δ）	
5	气门重叠角（$\alpha+\delta$）	

3．已知某型号发动机的进气提前角为 20°，气门重叠角为 39°，进气持续角为 256°，排气持续角为 249°，画出其配气相位图。注：进气 / 排气持续角表示进气 / 排气门开启的整个过程中曲轴转过的角度。

三、制订检修方案

1．查阅资料，回答下列问题。

（1）如何判断正时机构故障？通过故障现象进行简易判断，后面活动对应的问题同本处。

（2）正时机构故障时，应主要从哪些方面对其进行检查？采用什么检修方法？

2．根据具体工作内容，明确小组成员分工，填写表 5–2–2。

表 5–2–2　小组成员分工

姓名	分工

3．根据要求列出维修所需主要工具及材料清单，填写表 5–2–3。

表 5–2–3　维修所需主要工具及材料清单

序号	工具及材料名称	单位	数量	备注

4．根据小组分工情况及客户要求，制订具体的维修工序，填写表 5–2–4。

表 5–2–4　维修工序安排

序号	维修工序内容	备注

四、检查与更换正时机构

正时机构磨损会使配合间隙增大、噪声增大以及配气相位失准。此外，若发动机运行过程中突然出现正时链条或正时转动带打滑或断裂等情况，则活塞与气门可能会发生碰撞。因此，检查正时机构的磨损情况，以判断其是否需要更换，是维修中的主要工作。这里以常用的传动带（齿形带）传动和链条传动为例，对正时机构进行检修。

1．检查与更换正时传动带

（1）拆卸正时传动带

根据表 5–2–5 进行正时传动带的拆卸，并将作业要领补充完整。

表 5–2–5　拆卸正时传动带

序号	操作图示	作业要领	完成情况
1		将发动机安装到维修工作台上	完　成□ 未完成□

续表

序号	操作图示	作业要领	完成情况
2		转动曲轴，使第一缸活塞处于压缩行程上止点位置。对于无正时标记的，须做好标记	完　成□ 未完成□
3		松开__________	完　成□ 未完成□
4		拆下正时传动带	完　成□ 未完成□

（2）检查正时传动带

根据表 5-2-6 检查正时传动带，并将作业要领补充完整。若检查结果不符合要求，则更换正时传动带。

表 5-2-6　检查正时传动带

序号	操作图示	作业要领	完成情况
1		用拇指和食指捏住正时带轮和中间带轮之间正时传动带的中间部位，用力翻转，以刚好能转90° 为宜	完　成□ 未完成□
2		检查正时传动带是否有开裂、剥落，齿数是否残缺 开裂□ 剥落□ 齿数残缺□	完　成□ 未完成□
3	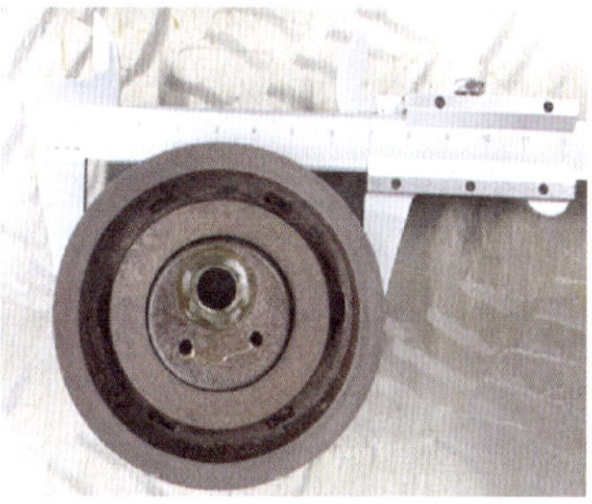	用游标卡尺检查张紧轮直径，将测量值与标准值相比较，若超过磨损极限，则更换 张紧轮直径：________mm	完　成□ 未完成□

正时传动带存在开裂、剥落和齿数残缺，主要是什么原因引起的?

（3）安装正时传动带

根据表 5-2-7 进行正时传动带的安装，并将作业要领补充完整。

表 5-2-7　安装正时传动带

序号	操作图示	作业要领	完成情况
1		将凸轮轴带轮上的标记朝上	完　成□ 未完成□
2		将半自动张紧轮的固定螺栓松开，并转动张紧轮，使其处于张紧力最小的位置，注意张紧轮的定位块要卡入气缸盖的缺口内	完　成□ 未完成□
3		将正时传动带安装到张紧轮和凸轮轴带轮上	完　成□ 未完成□
4	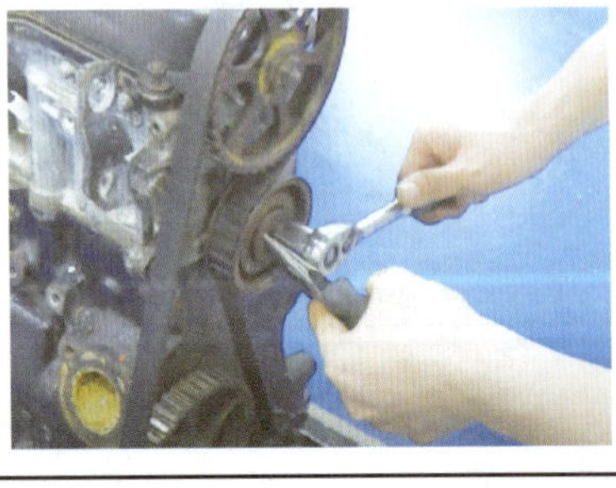	逆时针转动半自动张紧轮，直到满足正时传动带的张紧要求，将张紧轮上的固定螺栓按力矩要求拧紧 规定力矩：________N · m	完　成□ 未完成□

2．检查与更换正时链条

（1）拆卸正时链条

根据表 5-2-8 进行正时链条的拆卸，并将作业要领补充完整。

表 5-2-8　拆卸正时链条

序号	操作图示	作业要领	完成情况
1		将发动机安装到维修工作台上	完　成□ 未完成□
2		转动曲轴，使第一缸活塞处于压缩行程上止点位置。对于无正时标记的，须做好标记	完　成□ 未完成□
3		拆卸正时链条的______	完　成□ 未完成□

续表

序号	操作图示	作业要领	完成情况
4		拆卸正时链条两侧的______	完　成□ 未完成□
5		取下正时链条	完　成□ 未完成□

在拆卸正时链条的过程中，如何确定发动机曲轴第一缸活塞转动到压缩行程上止点位置？

（2）检查正时链条

根据表 5-2-9 检查正时链条，并将作业要领补充完整。若检查结果不符合要求，则更换正时链条。

表 5-2-9　检查正时链条

序号	操作图示	作业要领	完成情况
1	1—游标卡尺　2—正时链条　3—弹簧秤	测量正时链条长度。按要求拆下正时链条后，用弹簧秤钩拉正时链条，当拉力达到维修手册要求的拉力值时测量正时链条长度，并与标准值相比较，判断正时链条长度是否符合要求 正时链条长度：________ mm	完　成□ 未完成□

续表

序号	操作图示	作业要领	完成情况
2	1—游标卡尺　2—正时链条　3—齿轮	测量链轮直径。用拆下的正时链条分别将凸轮轴正时齿轮和曲轴正时齿轮整周啮合包住后，用游标卡尺测量链轮直径，并与标准值相比较，判断链轮直径是否符合要求 凸轮轴正时链轮直径：_____mm，曲轴正时链轮直径：_____mm	完　成□ 未完成□

（3）安装正时链条

根据表 5-2-10 进行正时链条的安装，并将作业要领补充完整。

表 5-2-10　安装正时链条

序号	操作图示	作业要领	完成情况
1		将正时链条上的__________与__________的原点、曲轴正时齿轮的原点对准，装入正时链条	完　成□ 未完成□
2		安装正时链条两侧的减振轨道	完　成□ 未完成□

续表

序号	操作图示	作业要领	完成情况
3	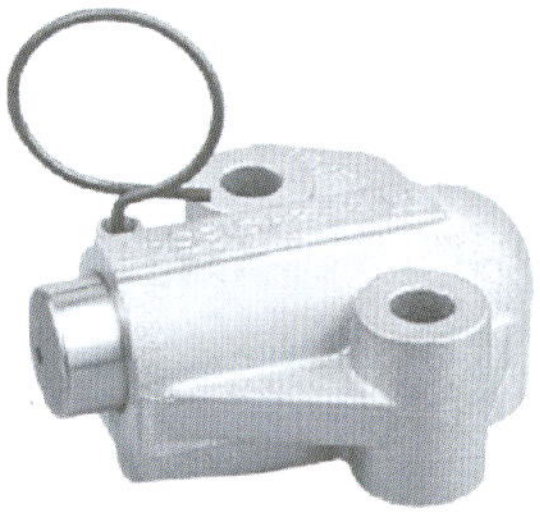	将正时链条张紧器压缩到最短，用________卡紧，并安装到正确的位置	完　成□ 未完成□
4		松开正时链条张紧器，检查是否张紧链条	完　成□ 未完成□
5		逆时针转动曲轴两周，确定正时链条与正时齿轮正常运动	完　成□ 未完成□

若安装正时链条时，没有对准正时标记，会造成什么后果？

五、学习过程评价

学习过程评价见表 5-2-11。

表 5-2-11　　学习过程评价表

<table>
<tr><td>班级</td><td></td><td>姓名</td><td></td><td>学号</td><td></td><td>日期</td><td>年　月　日</td></tr>
<tr><td>序号</td><td colspan="4">评价要点</td><td>配分 / 分</td><td>得分</td><td>总评 / 分</td></tr>
<tr><td>1</td><td colspan="4">能正确识读和填写工作页，明确学习活动的要求</td><td>10</td><td></td><td rowspan="10">A □（86 ~ 100）
B □（76 ~ 85）
C □（60 ~ 75）
D □（60 以下）</td></tr>
<tr><td>2</td><td colspan="4">能描述配气正时的定义、正时机构的分类及各种分类的优缺点</td><td>10</td><td></td></tr>
<tr><td>3</td><td colspan="4">能描述配气相位的定义及转角含义，并能绘制配气相位图</td><td>10</td><td></td></tr>
<tr><td>4</td><td colspan="4">能正确判断正时机构故障，明确正时机构故障的检修内容和检修方法</td><td>10</td><td></td></tr>
<tr><td>5</td><td colspan="4">能规范地完成正时传动带的检查与更换</td><td>15</td><td></td></tr>
<tr><td>6</td><td colspan="4">能规范地完成正时链条的检查与更换</td><td>15</td><td></td></tr>
<tr><td>7</td><td colspan="4">能遵守劳动纪律，以积极的态度接受工作任务</td><td>10</td><td></td></tr>
<tr><td>8</td><td colspan="4">能积极参与小组讨论，发挥团队合作精神</td><td>10</td><td></td></tr>
<tr><td>9</td><td colspan="4">能及时完成教师布置的任务</td><td>10</td><td></td></tr>
<tr><td colspan="5">总　分</td><td>100</td><td></td></tr>
<tr><td>小结
建议</td><td colspan="7"></td></tr>
</table>

学习活动 3　凸轮轴的检查与更换

学习目标

1. 能描述凸轮轴的作用和结构。

2. 能正确判断凸轮轴故障，明确凸轮轴故障的检修内容和检修方法。

3. 能规范地完成凸轮轴的检查与更换。

建议学时：4 学时。

学习过程

一、凸轮轴的作用和结构

1．简述凸轮轴的作用。

2．查阅资料，根据图 5-3-1 所示凸轮轴的结构，在表 5-3-1 中填写凸轮轴各组成零部件的名称。

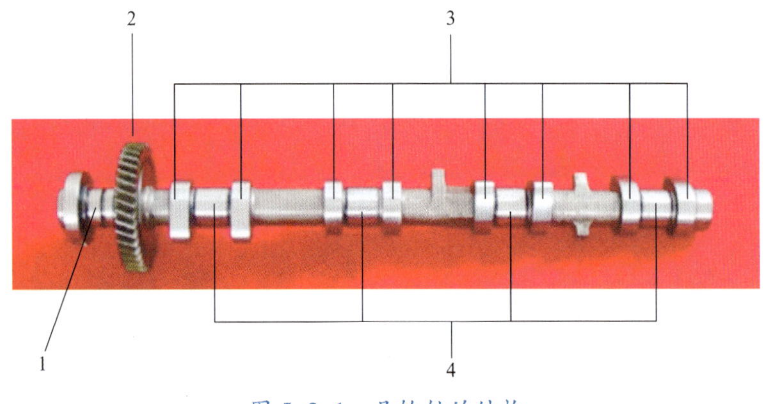

图 5-3-1　凸轮轴的结构

表 5-3-1　凸轮轴的组成零部件

零部件编号	名称	零部件编号	名称
1		3	
2		4	

二、制订检修方案

1．查阅资料，回答下列问题。

（1）如何判断凸轮轴故障?

（2）凸轮轴出现故障时，应主要从哪些方面对其进行检查？采用什么检修方法?

2．根据具体工作内容，明确小组成员分工，填写表 5-3-2。

表 5-3-2　小组成员分工

姓名	分工

3．根据要求列出维修所需主要工具及材料清单，填写表 5-3-3。

表 5-3-3　维修所需主要工具及材料清单

序号	工具及材料名称	单位	数量	备注

4．根据小组分工情况及客户要求，制订具体的维修工序，填写表 5-3-4。

表 5-3-4 维修工序安排

序号	维修工序内容	备注

三、检查与更换凸轮轴

1．拆卸凸轮轴

根据表 5-3-5 进行凸轮轴的拆卸。

表 5-3-5 拆卸凸轮轴

序号	操作图示	作业要领	完成情况
1		按从外到里的顺序松开气缸盖罩螺栓，取下气缸盖罩	完　成□ 未完成□
2	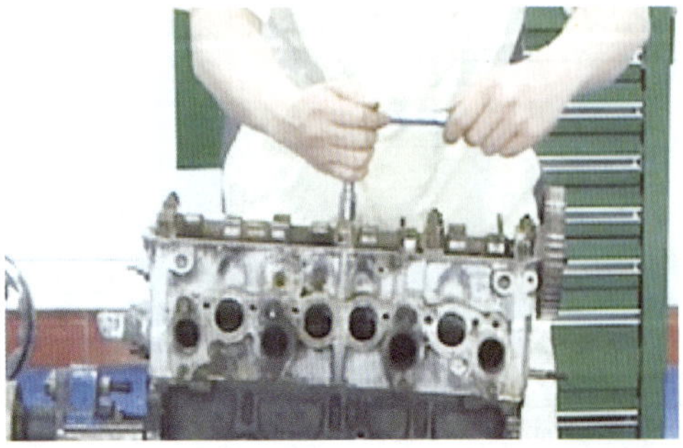	按从外到里的顺序松开凸轮轴轴承盖螺栓，将轴承盖按顺序摆放整齐，然后取出凸轮轴	完　成□ 未完成□

续表

序号	操作图示	作业要领	完成情况
3		戴护目镜及胶手套，使用化油器清洗剂及高压空气喷枪清洗凸轮轴	完　成□ 未完成□
4		用无尘纸将凸轮轴擦拭干净	完　成□ 未完成□

（1）在图 5-3-2 中标出拧松凸轮轴轴承盖螺栓的顺序。

图 5-3-2　凸轮轴

（2）清洁凸轮轴的过程中，有哪些注意事项？

2．检查凸轮轴

（1）检查凸轮轴外观

检查凸轮轴是否存在严重弯曲，轴颈及凸轮的表面是否有严重的擦伤、拉毛、麻点等，若出现以上情况，应予以更换。

（2）测量凸轮轴弯曲度

1）将凸轮轴放在 V 形块上。

2）用磁性表座架起百分表，旋转凸轮轴一圈，测量中心轴颈的径向跳动量，如图 5-3-3 所示。中心轴颈的径向跳动量：__________ mm。

图 5-3-3 测量中心轴颈的径向跳动量

3）查阅维修手册，获取凸轮轴最大径向跳动量：__________ mm。

4）如果中心轴颈的径向跳动量大于凸轮轴最大径向跳动量，则更换凸轮轴。

（3）测量凸轮轴轴颈磨损度

1）将凸轮轴放在 V 形块上。

2）用千分尺测量各轴颈的直径（图 5-3-4），将测量结果填写于表 5-3-6 中。

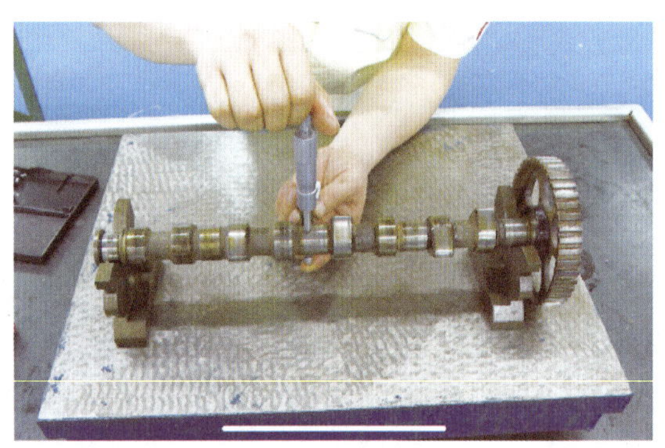
图 5-3-4 测量各轴颈的直径

3）查阅维修手册，确定凸轮轴磨损的维修极限，并填写于表 5-3-6 中。

表 5-3-6 测量凸轮轴轴颈磨损度

项目	轴颈磨损度				
	第 1 道轴颈	第 2 道轴颈	第 3 道轴颈	第 4 道轴颈	第 5 道轴颈
测量值					
维修极限					
维修建议					

（4）测量凸轮高度

1）将凸轮轴放在 V 形块上。

2）用千分尺测量各凸轮的高度（图 5-3-5），将测量结果填写于表 5-3-7 中。

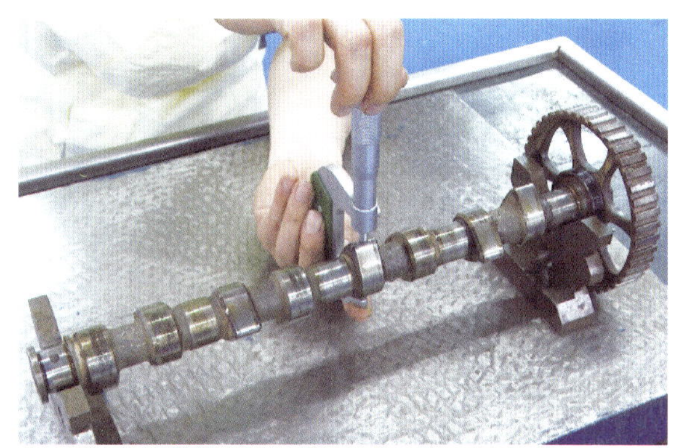

图 5-3-5　测量各凸轮的高度

3）查阅维修手册，确定凸轮高度的维修极限，并填写于表 5-3-7 中。

表 5-3-7　测量凸轮高度

项目	凸轮高度							
	凸轮 1	凸轮 2	凸轮 3	凸轮 4	凸轮 5	凸轮 6	凸轮 7	凸轮 8
测量值								
维修极限								
维修建议								

3．安装凸轮轴

根据表 5-3-8 进行凸轮轴的安装，并将作业要领补充完整。

表 5-3-8　安装凸轮轴

序号	操作图示	作业要领	完成情况
1		给凸轮轴、凸轮轴轴承盖、凸轮轴支撑槽均匀涂抹机油（润滑油），将凸轮轴放置于凸轮轴支撑槽内，使凸轮轴正时齿轮上的＿＿＿＿标记垂直向上	完　成□ 未完成□

续表

序号	操作图示	作业要领	完成情况
2	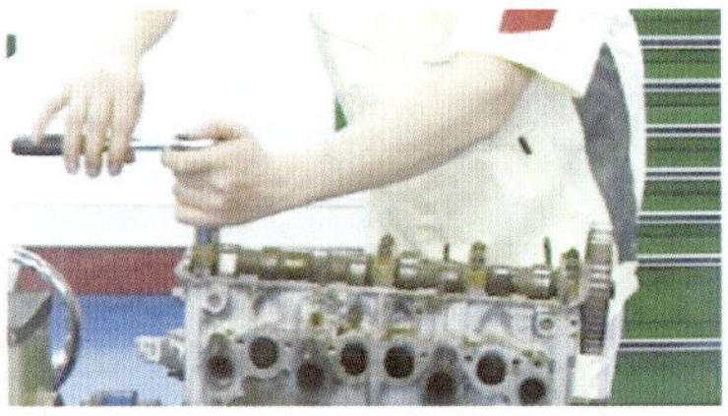	按从里到外的顺序拧紧凸轮轴上的螺栓，拧紧螺栓按以下三步进行： （1）用手拧入螺栓 （2）用套筒扳手旋紧螺栓 （3）用扭力扳手以规定的扭力紧固螺栓	完　成□ 未完成□
3		安装张紧轮	完　成□ 未完成□
4		检查曲轴及凸轮轴正时位置，安装正时传动带	完　成□ 未完成□
5		使用扭力扳手（加标准力矩）紧固张紧轮，收紧正时传动带	完　成□ 未完成□
6		检查曲轴转动是否正常 正　常□ 不正常□	完　成□ 未完成□

四、学习过程评价

学习过程评价见表 5–3–9。

表 5–3–9　　学习过程评价表

班级		姓名		学号		日期	年　月　日
序号	评价要点				配分 / 分	得分	总评 / 分
1	能正确识读和填写工作页，明确学习活动的要求				10		A □（86 ~ 100） B □（76 ~ 85） C □（60 ~ 75） D □（60 以下）
2	能描述凸轮轴的作用和结构				10		
3	能正确判断凸轮轴故障，明确凸轮轴故障的检修内容和检修方法				10		
4	能规范地完成凸轮轴的拆卸				10		
5	能规范地完成凸轮轴的检查				20		
6	能规范地完成凸轮轴的安装				10		
7	能遵守劳动纪律，以积极的态度接受工作任务				10		
8	能积极参与小组讨论，发挥团队合作精神				10		
9	能及时完成教师布置的任务				10		
总　分					100		
小结建议							

学习活动 4　气缸盖的检查与更换

学习目标

1. 能描述气缸盖的作用、结构及分类。

2. 能正确判断气缸盖故障，明确气缸盖故障的检修内容和检修方法。

3. 能规范地完成气缸盖的检查与更换。

建议学时：2 学时。

学习过程

一、气缸盖的作用、结构及分类

1．气缸盖的作用

简述气缸盖的作用。

2．气缸盖的结构和分类

气缸盖是结构较复杂的箱形零件，其上加工有进 / 排气门座孔、气门导管孔、火花塞安装孔或喷油器安装孔，在气缸盖内还铸有水套、进 / 排气道和燃烧室的一部分。若凸轮轴安装在气缸盖上，这类气缸盖上通常还加工有凸轮轴轴承孔或凸轮轴轴承座及其润滑油道。

（1）气缸盖是用什么材料制造的?

（2）气缸盖按照结构不同，一般可分为哪几类？

二、制订检修方案

1．查阅资料，回答下列问题。

（1）如何判断气缸盖故障？

（2）气缸盖故障时，应主要从哪些方面对其进行检查？采用什么检修方法？

2．根据具体工作内容，明确小组成员分工，填写表 5–4–1。

表 5–4–1　　小组成员分工

姓名	分工

3．根据要求列出维修所需主要工具及材料清单，填写表 5–4–2。

表 5–4–2　　维修所需主要工具及材料清单

序号	工具及材料名称	单位	数量	备注

4．根据小组分工情况及客户要求，制订具体的维修工序，填写表 5–4–3。

表 5–4–3　　维修工序安排

序号	维修工序内容	备注

三、检查与更换气缸盖

1．拆卸气缸盖

根据表 5–4–4 进行气缸盖的拆卸。

表 5–4–4　　拆卸气缸盖

序号	操作图示	作业要领	完成情况
1		按从外到里的顺序松开气缸盖螺栓	完　成□ 未完成□
2		取出气缸盖螺栓，检查螺栓的螺纹是否磨损，若磨损，则更换螺栓	完　成□ 未完成□

续表

序号	操作图示	作业要领	完成情况
3		抬下气缸盖，并将其放置于木块上，以防止气缸盖平面磨损	完　成□ 未完成□
4		铲平气缸盖平面的积碳	完　成□ 未完成□
5		取出液压顶杯，使用化油器清洗剂及高压空气喷枪清洗气缸盖平面。操作过程中应戴护目镜及胶手套	完　成□ 未完成□

（1）在图 5-4-1 中标出拆卸气缸盖时其螺栓的拧松顺序。

图 5-4-1　气缸盖

（2）部分气缸盖的螺栓有长短之分，较短的螺栓为________端螺栓，较长的螺栓为________端螺栓，拆装时应分类摆放。

2．检查气缸盖

（1）检查气缸盖外观

检查气缸盖是否存在明显的裂纹、变形及划痕，若出现以上情况，应予以更换。

1）气缸盖的裂纹多出现在什么地方？

2）气缸盖产生裂纹的原因主要是什么？

（2）测量气缸盖平面度

1）将气缸盖下平面朝上，稳固于垫块上。

2）用刀口形直尺和塞尺测量气缸盖六个方向的平面度（图 5–4–2），将测量结果填写于表 5–4–5 中。

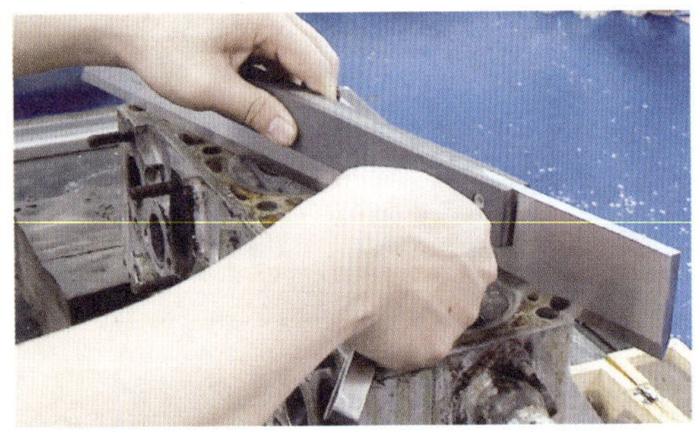

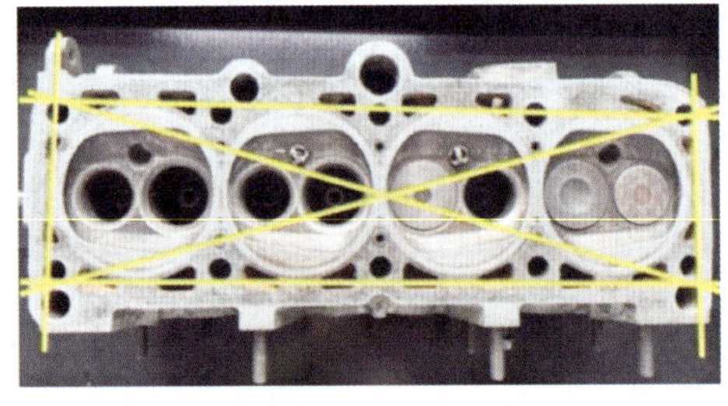

图 5–4–2　测量气缸盖六个方向的平面度

3）查阅维修手册，确定气缸盖的维修极限，并填写于表 5–4–5 中。

表 5–4–5　测量气缸盖平面度

项目	气缸盖平面度					
	上	下	左	右	对角 1	对角 2
测量值						
维修极限						
维修建议						

3．安装气缸盖

根据表 5-4-6 进行气缸盖的安装。

表 5-4-6　安装气缸盖

序号	操作图示	作业要领	完成情况
1		转动曲轴，使第一缸活塞处于压缩行程上止点位置	完　成□ 未完成□
2		按要求放置气缸盖垫片，将其对准缸体接合面上的孔道	完　成□ 未完成□
3		将气缸盖抬上缸体，并放入气缸盖螺栓	完　成□ 未完成□
4		按从里到外的顺序拧紧气缸盖螺栓，拧紧气缸盖螺栓按以下三步进行： （1）预紧螺栓 （2）用扭力扳手以规定的扭力拧紧螺栓 （3）用角度计以规定的角度加固螺栓	完　成□ 未完成□

对于铸铁和铝合金两种不同材质的气缸盖，其安装规范有什么区别?

四、学习过程评价

学习过程评价见表 5–4–7。

表 5–4–7　学习过程评价表

班级		姓名		学号		日期	年　月　日
序号	评价要点				配分 / 分	得分	总评 / 分
1	能正确识读和填写工作页，明确学习活动的要求				10		A □（86 ~ 100） B □（76 ~ 85） C □（60 ~ 75） D □（60 以下）
2	能描述气缸盖的作用、结构及分类				10		
3	能正确判断气缸盖故障，明确气缸盖故障的检修内容和检修方法				10		
4	能规范地完成气缸盖的拆卸				10		
5	能规范地完成气缸盖的检查				20		
6	能规范地完成气缸盖的安装				10		
7	能遵守劳动纪律，以积极的态度接受工作任务				10		
8	能积极参与小组讨论，发挥团队合作精神				10		
9	能及时完成教师布置的任务				10		
总　分					100		
小结建议							

学习活动 5　气门组的检查与更换

学习目标

1. 能描述气门组的作用和气门的工作条件。

2. 能正确判断气门组故障，明确气门组故障的检修内容和检修方法。

3. 能规范地完成气门组的检查与更换。

建议学时：2 学时。

学习过程

一、气门组的作用和气门的工作条件

1．简述气门组的作用。

2．根据气门的工作条件，简述气门应具备哪些特性。

二、制订检修方案

1．查阅资料，回答下列问题。

（1）如何判断气门组故障？

（2）气门组出现故障时，应主要从哪些方面对其进行检查？采用什么检修方法？

2．根据具体工作内容，明确小组成员分工，填写表 5–5–1。

表 5–5–1　小组成员分工

姓名	分工

3．根据要求列出维修所需主要工具及材料清单，填写表 5–5–2。

表 5–5–2　维修所需主要工具及材料清单

序号	工具及材料名称	单位	数量	备注

4．根据小组分工情况及客户要求，制订具体的维修工序，填写表 5–5–3。

表 5–5–3　维修工序安排

序号	维修工序内容	备注

三、检查与更换气门组

1．拆卸气门组

根据表 5–5–4 进行气门组的拆卸。

表 5–5–4　　拆卸气门组

序号	操作图示	作业要领	完成情况
1		取出液压顶杯，安装气门弹簧压缩器	完　成□ 未完成□
2	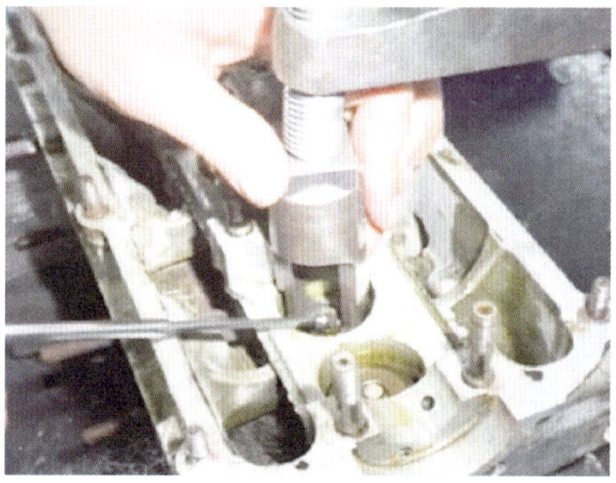	旋转螺栓并压下弹簧，使用一字旋具轻轻分离气门锁夹，用磁吸棒吸出锁片	完　成□ 未完成□
3		松开气门弹簧压缩器，取出气门弹簧座、气门弹簧和气门	完　成□ 未完成□
4		清除气门积碳	完　成□ 未完成□

续表

序号	操作图示	作业要领	完成情况
5		戴护目镜及胶手套，使用化油器清洗剂及高压空气喷枪清洗气门组件	完　成□ 未完成□
6		用无尘纸将气门组件擦拭干净	完　成□ 未完成□

2．检查气门组

（1）检查气门组外观

气门组受到交变的冲击性载荷和高温作用，若出现气门杆明显弯曲、磨损及卡住，气门头部和气门座变形、磨损、起槽或烧蚀出斑点，气门弹簧折断或弹性明显减弱等现象，需更换气门组。

根据上述要求，检查气门组的外观情况，并进行记录。

（2）测量气门杆长度

1）将气门竖立放置于测量平台上。

2）用高度尺测量气门杆长度，如图 5–5–1 所示。

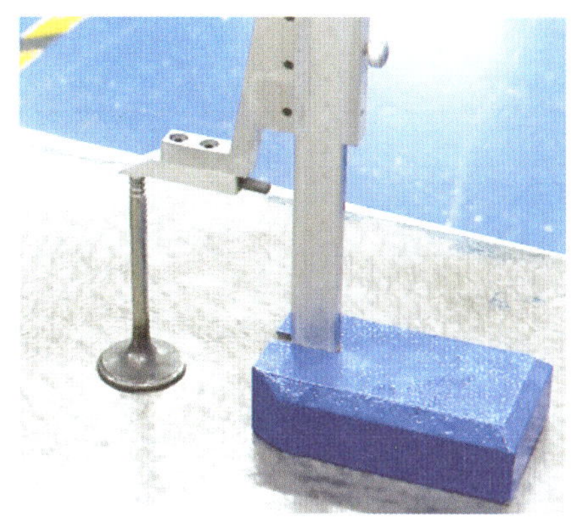

图 5-5-1　测量气门杆长度

3）气门杆长度的维修极限为________ mm，测量值为________ mm。

4）根据以上的测量结果，写出维修建议。

（3）测量气门杆磨损度

1）将气门竖立放置于测量平台上。

2）用千分尺沿轴向对气门杆三个截面的直径进行测量（图 5-5-2），将测量结果填写于表 5-5-5 中。

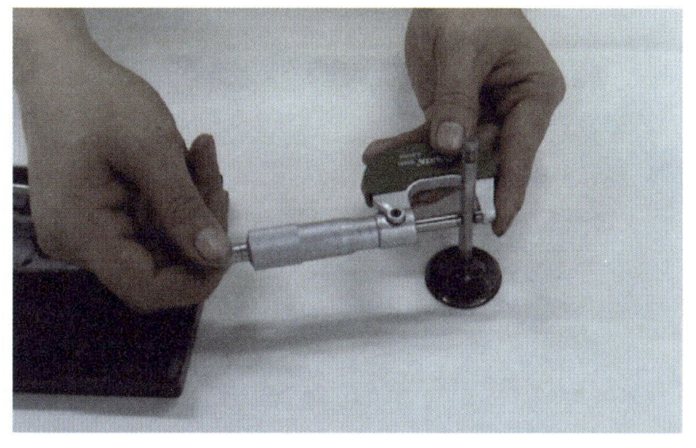

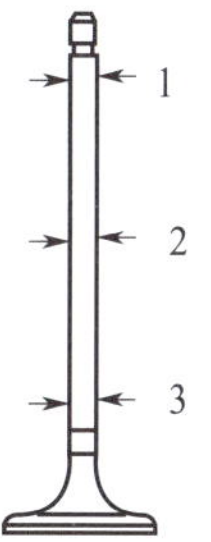

图 5-5-2　测量气门杆三个截面的直径

3）查阅维修手册，确定气门杆磨损的维修极限，并填写于表 5-5-5 中。

表 5-5-5　测量气门杆磨损度

项目	气门杆磨损度		
	截面 1	截面 2	截面 3
测量值			
维修极限			
维修建议			

（4）测量气门弹簧自然长度

1）将气门弹簧竖立放置于测量平台上。

2）用高度尺测量气门弹簧的自然长度，如图 5-5-3 所示，注意不能压缩弹簧。气门弹簧自然长度（测量值）为________ mm。

图 5-5-3　测量气门弹簧自然长度

3）查阅维修手册，获取气门弹簧自然长度（标准值）为______ mm。

4）根据以上的测量结果，写出维修建议。

3．安装气门组

根据表 5-5-6 进行气门组的安装。

表 5-5-6　　安装气门组

序号	操作图示	作业要领	完成情况
1		将气门从下往上插进气门孔，架于气门弹簧压缩器上	完　成□ 未完成□
2		将弹簧和弹簧座从上往下放进气门孔，使用气门弹簧安装钳压缩气门弹簧，将气门锁夹装进卡槽，慢慢松开气门弹簧压缩器	完　成□ 未完成□
3		盖好液压顶杯	完　成□ 未完成□

四、学习过程评价

学习过程评价见表 5–5–7。

表 5–5–7　　学习过程评价表

<table>
<tr><td>班级</td><td></td><td>姓名</td><td></td><td>学号</td><td></td><td>日期</td><td>年　月　日</td></tr>
<tr><td>序号</td><td colspan="5">评价要点</td><td>配分 / 分</td><td>得分</td><td>总评 / 分</td></tr>
<tr><td>1</td><td colspan="5">能正确识读和填写工作页，明确学习活动的要求</td><td>10</td><td></td><td rowspan="10">A □（86 ~ 100）
B □（76 ~ 85）
C □（60 ~ 75）
D □（60 以下）</td></tr>
<tr><td>2</td><td colspan="5">能描述气门组的作用和气门的工作条件</td><td>10</td><td></td></tr>
<tr><td>3</td><td colspan="5">能正确判断气门组故障，明确气门组故障的检修内容和检修方法</td><td>10</td><td></td></tr>
<tr><td>4</td><td colspan="5">能规范地完成气门组的拆卸</td><td>10</td><td></td></tr>
<tr><td>5</td><td colspan="5">能规范地完成气门组的检查</td><td>20</td><td></td></tr>
<tr><td>6</td><td colspan="5">能规范地完成气门组的安装</td><td>10</td><td></td></tr>
<tr><td>7</td><td colspan="5">能遵守劳动纪律，以积极的态度接受工作任务</td><td>10</td><td></td></tr>
<tr><td>8</td><td colspan="5">能积极参与小组讨论，发挥团队合作精神</td><td>10</td><td></td></tr>
<tr><td>9</td><td colspan="5">能及时完成教师布置的任务</td><td>10</td><td></td></tr>
<tr><td colspan="6">总　分</td><td>100</td><td></td></tr>
<tr><td>小结
建议</td><td colspan="8"></td></tr>
</table>

学习活动 6　气缸密封性的检测

学习目标

1. 能描述气缸压缩压力的定义。

2. 能描述气缸压力表和气缸漏气率检测仪的组成，正确使用气缸压力表和气缸漏气率检测仪。

3. 能分析造成气缸漏气的原因，明确气缸密封不良的检测内容和检测方法。

4. 能规范地完成气缸压力的检测，并能正确分析检测数据。

5. 能规范地完成气缸漏气率的检测，并能正确分析检测数据。

建议学时：4 学时。

学习过程

一、气缸压缩压力的定义

简述气缸压缩压力的定义。

二、气缸压力表的组成及使用

1．在图 5–6–1 中写出气缸压力表各组成部分的名称。

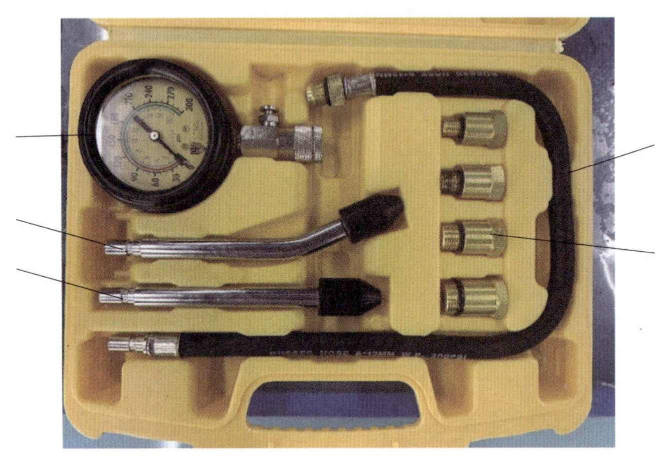

图 5-6-1　气缸压力表

2．观察图 5-6-2 中气缸压力表的表盘，准确读出表中数值：________。

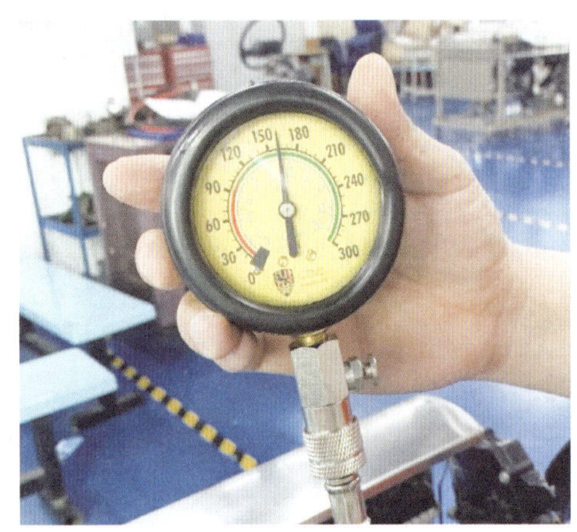

图 5-6-2　气缸压力表的表盘

三、气缸漏气率检测仪的组成及使用

1．在图 5-6-3 中写出气缸漏气率检测仪各组成部分的名称。

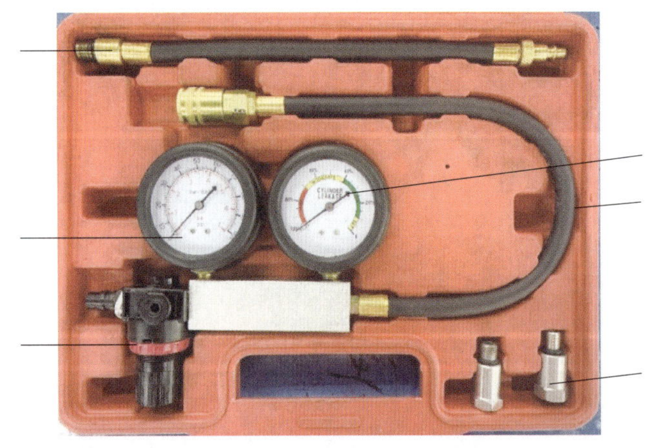

图 5-6-3　气缸漏气率检测仪

2．简述气缸漏气率检测仪的使用方法。

3．观察图 5-6-4 中气缸漏气率检测仪的表盘，简述气缸漏气率检测仪左、右两个表盘的作用，并准确读出数值。左边表盘数值：________，右边表盘数值：________。

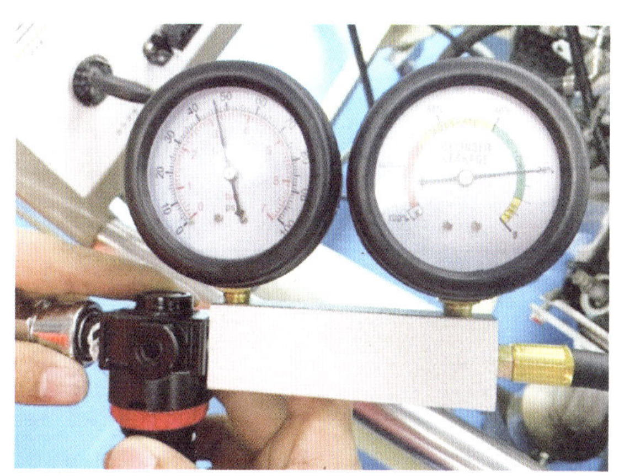

图 5-6-4　气缸漏气率检测仪的表盘

四、制订检修方案

1．查阅资料，回答下列问题。

（1）简述造成气缸漏气的原因。

（2）气缸密封不良时，主要应从哪些方面对其进行检查？采用什么检修方法？

2．根据具体工作内容，明确小组成员分工，填写表 5–6–1。

表 5–6–1　小组成员分工

姓名	分工

3．根据要求列出维修所需主要工具及材料清单，填写表 5–6–2。

表 5–6–2　维修所需主要工具及材料清单

序号	工具及材料名称	单位	数量	备注

4．根据小组分工情况及客户要求，制订具体的维修工序，填写表 5–6–3。

表 5–6–3　维修工序安排

序号	维修工序内容	备注

五、检测气缸密封性

1．检测气缸压力

检测条件：将发动机预热到正常温度，冷却液温度达到 80 ~ 90 ℃，润滑油温度达到 70 ~ 90 ℃，蓄电池电压充足。断开燃油供给系统并将燃油排净。

检测步骤：

（1）拆除空气滤清器，清理火花塞周围的脏物，拆除全部火花塞。

（2）使节气门处于全开位置。

（3）把气缸压力表的锥形橡胶头插入被测量气缸的火花塞孔内，用手压紧，如图 5-6-5 所示。

（4）用起动机带动发动机转动 3 ~ 5 s，转速为 150 ~ 180 r/min，待气缸压力表指示并保持最大压力读数时停止转动。

（5）记下气缸压力表读数，按下单向阀使气缸压力表指针回零。

（6）按此方法依次测量各气缸的压缩压力，每个气缸测量 3 次，取最大值。各气缸压力值不能低于规定压力值的 80%，各气缸的压力差不得大于规定压力值的 5%。

图 5-6-5　安装气缸压力表

检测结果：

根据以上的检测条件和检测步骤，对发动机各气缸的压力进行检测，自制表格记录检测数据。

数据分析：

（1）若检测数据大于规定值，说明什么?

（2）若检测数据小于规定值，说明什么?

2．检测气缸漏气率

检测条件：将发动机预热到正常温度，冷却液温度达到 80 ~ 90℃，润滑油温度达到 70 ~ 90℃，然后关闭发动机。

检测步骤：

（1）将发动机预热到正常温度后，用压缩空气吹净气缸盖，特别要吹净火花塞孔上的灰尘，拧下所有火花塞，装上充气嘴。

（2）将气缸漏气率检测仪接上气源，在仪器出气口完全密封的情况下，通过调节调压阀，使其压力值符合维修手册的规定。

（3）摇转曲轴，观察带轮的正时标记，使第 1 缸活塞处于压缩行程的上止点位置，如图 5-6-6 所示。

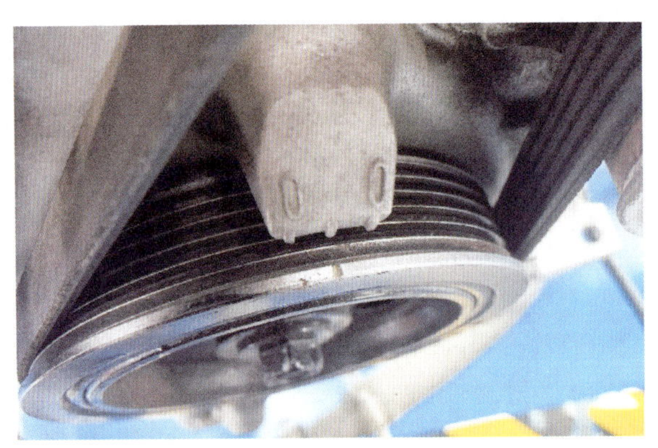

图 5-6-6　正时标记

（4）将气缸漏气率检测仪接到发动机被测的气缸上，如图 5-6-7 所示。向 1 缸充气，读出表上读数，同时听进气口、排气口、散热器加水口和润滑油加注口等处是否有漏气声，以便找出故障部位。

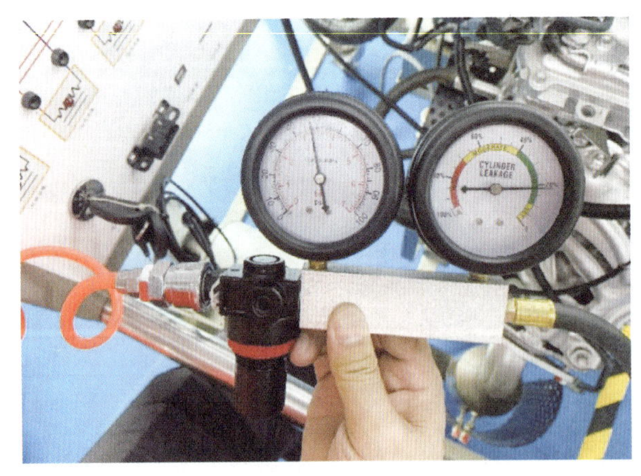

图 5-6-7　安装气缸漏气率检测仪

（5）摇转曲轴，使下一个被测量气缸的活塞处于压缩行程的上止点位置，若点火顺序为 1→3→4→2 的四缸发动机，曲轴转过 180°后，3 缸活塞处于压缩行程的上止点位置，则先对 3 缸进行测量，按此方法，直至将所有气缸检测完毕。

（6）为使数据可靠，各气缸应测量 2 次，每缸测量值取算术平均数。

（7）检测完毕后，将调压阀卸压，两表盘读数归零，现场做好 6S 管理。

检测结果：

根据以上的检测条件和检测步骤，对发动机各气缸的漏气率进行检测，自制表格记录检测数据。

数据分析：

（1）若检测数据大于规定值，说明发动机可继续使用。

（2）若检测数据小于规定值，在确认进、排气口和气缸衬垫密封性良好的情况下，可能是气缸、活塞、活塞环配合不当，需更换活塞环或气缸套。

六、学习过程评价

学习过程评价见表 5-6-4。

表 5-6-4　　学习过程评价表

<table>
<tr><td>班级</td><td></td><td>姓名</td><td></td><td>学号</td><td></td><td>日期</td><td>年　月　日</td></tr>
<tr><td>序号</td><td colspan="5">评价要点</td><td>配分 / 分</td><td>得分</td><td>总评 / 分</td></tr>
<tr><td>1</td><td colspan="5">能正确识读和填写工作页，明确学习活动的要求</td><td>10</td><td></td><td rowspan="10">A □（86 ~ 100）
B □（76 ~ 85）
C □（60 ~ 75）
D □（60 以下）</td></tr>
<tr><td>2</td><td colspan="5">能描述气缸压缩压力的定义</td><td>10</td><td></td></tr>
<tr><td>3</td><td colspan="5">能描述气缸压力表和气缸漏气率检测仪的组成，正确使用气缸压力表和气缸漏气率检测仪</td><td>10</td><td></td></tr>
<tr><td>4</td><td colspan="5">能查阅资料，分析造成气缸漏气的原因，明确气缸密封不良的检测内容和检测方法</td><td>10</td><td></td></tr>
<tr><td>5</td><td colspan="5">能规范地完成气缸压力的检测，并能正确分析检测数据</td><td>15</td><td></td></tr>
<tr><td>6</td><td colspan="5">能规范地完成气缸漏气率的检测，并能正确分析检测数据</td><td>15</td><td></td></tr>
<tr><td>7</td><td colspan="5">能遵守劳动纪律，以积极的态度接受工作任务</td><td>10</td><td></td></tr>
<tr><td>8</td><td colspan="5">能积极参与小组讨论，发挥团队合作精神</td><td>10</td><td></td></tr>
<tr><td>9</td><td colspan="5">能及时完成教师布置的任务</td><td>10</td><td></td></tr>
<tr><td colspan="6">总　分</td><td>100</td><td></td></tr>
<tr><td>小结
建议</td><td colspan="8"></td></tr>
</table>

学习活动 7　气门间隙的检测与调整

学习目标

1. 能描述气门间隙的定义和作用。

2. 能描述气门间隙对发动机工作的影响和两次调整的定义及操作步骤。

3. 能规范地完成气门间隙的检测与调整。

建议学时：2 学时。

学习过程

一、气门间隙的定义和作用

1. 简述气门间隙的定义。

2. 气门间隙具有什么作用?

二、制订检修方案

1. 查阅资料，回答下列问题。

（1）气门间隙过大，对发动机工作有什么影响?

（2）气门间隙过小，对发动机工作有什么影响?

（3）简述两次调整法的定义和操作步骤。

2．根据具体工作内容，明确小组成员分工，填写表 5–7–1。

表 5–7–1　小组成员分工

姓名	分工

3．根据要求列出维修所需主要工具及材料清单，填写表 5–7–2。

表 5–7–2　维修所需主要工具及材料清单

序号	工具及材料名称	单位	数量	备注

4．根据小组分工情况及客户要求，制订具体的维修工序，填写表 5–7–3。

表 5–7–3　维修工序安排

序号	维修工序内容	备注

三、检测与调整气门间隙

1．检测气门间隙

（1）拆下气门室盖的固定螺栓，小心取下气门室盖，注意不要损坏气门室盖衬垫。用抹布清洁气门及摇臂轴上的油污，以方便调整气门间隙。

（2）转动曲轴，使 1 缸活塞处于压缩行程的上止点位置。

（3）选出符合规格的塞尺，插入气门杆和气门摇臂（或凸轮）之间，检测气门间隙，如图 5–7–1 所示。

图 5–7–1　检测气门间隙

根据以上的检测步骤，逐缸完成所有气门间隙的检测，自制表格记录检测数据，并查阅维修手册，与标准值对照，写出调整建议。

数据记录：

调整建议：

2．调整气门间隙

（1）松开气门调整螺钉上的固定螺母，把规定厚度的塞尺插入气门间隙处，一手抽拉塞尺，另一手转动调整螺钉，直到塞尺受到阻力为止，如图 5-7-2 所示。

图 5-7-2　调整气门间隙

（2）调整完毕，保持调整螺钉不动，拧紧固定螺母（图 5-7-3）。

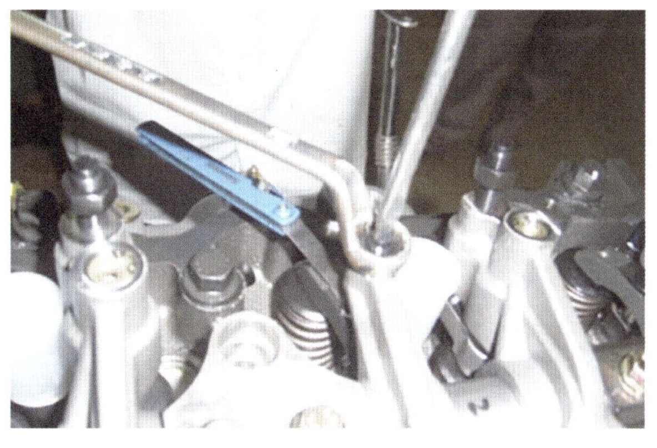

图 5-7-3　拧紧固定螺母

（3）锁紧调整螺钉后，再用塞尺重新测量气门间隙。

根据以上的调整步骤，对不符合要求的气门间隙进行调整，记录调整过程中遇到的问题。

四、学习过程评价

学习过程评价见表 5–7–4。

表 5–7–4　　学习过程评价表

<table>
<tr><td>班级</td><td></td><td>姓名</td><td></td><td>学号</td><td></td><td>日期</td><td>年　月　日</td></tr>
<tr><td>序号</td><td colspan="5">评价要点</td><td>配分 / 分</td><td>得分</td><td>总评 / 分</td></tr>
<tr><td>1</td><td colspan="5">能正确识读和填写工作页，明确学习活动的要求</td><td>10</td><td></td><td rowspan="9">A □（86 ~ 100）
B □（76 ~ 85）
C □（60 ~ 75）
D □（60 以下）</td></tr>
<tr><td>2</td><td colspan="5">能描述气门间隙的定义和作用</td><td>10</td><td></td></tr>
<tr><td>3</td><td colspan="5">能描述气门间隙对发动机工作的影响和两次调整的定义及操作步骤</td><td>10</td><td></td></tr>
<tr><td>4</td><td colspan="5">能规范地完成气门间隙的检测</td><td>20</td><td></td></tr>
<tr><td>5</td><td colspan="5">能规范地完成气门间隙的调整</td><td>20</td><td></td></tr>
<tr><td>6</td><td colspan="5">能遵守劳动纪律，以积极的态度接受工作任务</td><td>10</td><td></td></tr>
<tr><td>7</td><td colspan="5">能积极参与小组讨论，发挥团队合作精神</td><td>10</td><td></td></tr>
<tr><td>8</td><td colspan="5">能及时完成教师布置的任务</td><td>10</td><td></td></tr>
<tr><td colspan="6">总　分</td><td>100</td><td></td></tr>
<tr><td>小结
建议</td><td colspan="8"></td></tr>
</table>

学习活动 8　工作总结与评价

学习目标

1. 能以小组形式对学习过程和成果进行汇报总结。
2. 能完成对学习过程的综合评价。

建议学时：2 学时。

学习过程

一、工作总结

在世界技能大赛中，要求选手具有一定的组织规划、沟通、创新等能力，这在实际的生产工作中是十分必要的。以小组为单位，选择演示文稿、展板、海报、视频等形式中的一种或几种，向全班展示、汇报学习成果。

二、综合评价

针对本任务的学习情况，根据表 5–8–1 所列综合评价标准进行评分。

表 5–8–1　　综合评价标准

评价项目	评价内容及标准	配分 / 分	评分		
			自我评价	小组评价	教师评价
组织和管理	团队合作，合理计划，高效管理时间	3			
	及时检查工作进展和效果	3			
	保证高质量完成工作	4			
沟通能力	深度咨询客户，完全理解其要求	10			
	提供明确说明，准确回答客户疑问	10			
计划创新能力	及时处理工作中遇到的问题	10			
	提出创新性、可行性建议，提高客户满意度	10			

续表

评价项目	评价内容及标准	配分 / 分	评分		
			自我评价	小组评价	教师评价
专业知识	具备汽车配气机构各零部件的组成、作用、分类、原理等理论知识	10			
	具备汽车发动机动力不足故障检修知识	10			
实践能力	具备汽车发动机正时机构的检查与更换技能	5			
	具备汽车发动机凸轮轴的检查与更换技能	5			
	具备汽车发动机气缸盖的检查与更换技能	5			
	具备汽车发动机气门组的检查与更换技能	5			
	具备汽车发动机气缸密封性的检测技能	5			
	具备汽车发动机气门间隙的检测与调整技能	5			
学生姓名		综合评价得分			
指导教师		日期			

三、学习任务五整体评价

学习任务五整体评价见表 5-8-2。

表 5-8-2　学习任务五整体评价表

项目	自我评价			小组评价			教师评价		
	10 ~ 9 分	8 ~ 6 分	5 ~ 1 分	10 ~ 9 分	8 ~ 6 分	5 ~ 1 分	10 ~ 9 分	8 ~ 6 分	5 ~ 1 分
	占总评 10%			占总评 30%			占总评 60%		
学习活动 1									
学习活动 2									
学习活动 3									
学习活动 4									
学习活动 5									
学习活动 6									
学习活动 7									
学习活动 8									
协作精神									
纪律观念									
表达与分析能力									
工作态度									
任务总体表现									
小计 / 分									
总评 / 分									

世赛知识

国手的选拔

参加世界技能大赛代表国家形象，因此，必须确保选拔出最优秀的选手为国出征。我们在选拔选手时，主要分两个阶段。第一个阶段是全国选拔。这个阶段类似于海选，在各地、各部门初赛的基础上，人力资源和社会保障部组织开展第 45 届世界技能大赛全国选拔赛，根据选手成绩，最终每个参赛项目约有 10 人入选国家集训队。第二个阶段是集训选拔。这个阶段主要是依托世界技能大赛中国集训基地，对入选国家集训队的选手进行集训，并根据集训安排进行“十进五”“五进三”“三进二”“二进一”的阶段性考核选拔，最后选出 1 名最优秀的选手代表祖国出征，可谓大浪淘沙。可以说，最终代表国家出征的参赛选手，每一位都经历了层层选拔，经历了常人无法想象的艰苦历程。正因为如此，他们才能够凭借精湛的技艺和强大的心理素质，最终在国际技能竞赛的舞台上一展身手，取得优异成绩。

我国对世界技能大赛全国选拔赛的组织是非常严密的，每届世界技能大赛全国选拔赛开始前，人力资源和社会保障部都会出台详细的《竞赛技术规则》，要求全国选拔赛本着公平、公正、公开等原则组织实施。

世界技能大赛全国选拔赛与我国的职业技能竞赛是紧密结合的。我国职业技能竞赛始于 20 世纪 50 年代，具有广泛的群众基础。我国职业技能竞赛活动实行分级、分类管理。竞赛活动分为国家、省和地市三级。国家级职业技能竞赛活动又分为两类：跨行业、跨地区的竞赛活动为国家级一类竞赛（由人力资源和社会保障部牵头）；单一行业的竞赛活动为国家级二类竞赛（由各行业相关机构会同人力资源和社会保障部共同组织）。

从 2004 年开始，人力资源和社会保障部将全国各级各类竞赛活动进行整合，组织开展“全国职业技能竞赛系列活动”，每年参加竞赛的企业职工和院校学生超过 1 000 万人次，涉及上百个职业（工种）。从 2014 年开始，纳入人力资源和社会保障部竞赛计划的各级各类职业技能竞赛全部冠以“中国技能大赛”的称谓，进一步完善了职业技能竞赛制度。举办中国技能大赛对整体推进我国技能人才队伍建设，激发广大技能劳动者学习业务、钻研技术、提高技能发挥了重要作用。

学习任务六　汽车发动机异响故障检修

学习目标

1. 能描述曲柄连杆机构的作用、组成及工作原理，明确汽车发动机异响故障的检修内容、检修流程及检修方法。

2. 能描述活塞连杆组的作用和组成，正确判断活塞连杆组故障，并能进行活塞连杆组的检查与更换。

3. 能描述曲轴飞轮组的作用和组成，正确判断曲轴飞轮组故障，并能进行曲轴飞轮组的检查与更换。

4. 能描述气缸体的作用、组成、制造材料和分类，正确判断气缸体故障，正确使用量缸表进行气缸体的检查。

5. 能对维修场地的相关设备进行日常维护与保养，按6S管理规定清理现场。

6. 能对相关资料、互联网资源进行检索，完成维修工单、工作页的填写。

7. 能展示工作成果，进行任务评价，总结工作经验，优化检修方案。

8. 能在作业过程中严格执行企业操作规范、安全生产制度、环保管理制度，严格遵守从业人员的职业道德，具有吃苦耐劳、爱岗敬业的工作态度和职业责任感。

建议学时

20学时。

工作情境描述

一车辆在行驶过程中发动机发出异常的声音，车主将该车辆送入维修站维修，经维修技师检查，初步判断为发动机异响故障。汽车维修人员需要根据维修手册的相关要求，在规定时间内完成发动机曲柄连杆机构的检查与零部件的更换，完成后交付验收。

工作流程与活动

1．曲柄连杆机构的认知（2 学时）

2．活塞连杆组的检查与更换（6 学时）

3．曲轴飞轮组的检查与更换（6 学时）

4．气缸体的检查（4 学时）

5．工作总结与评价（2 学时）

思维导图

- 学习任务六 汽车发动机异响故障检修
  - 学习活动1 曲柄连杆机构的认知
    - 曲柄连杆机构的作用和组成
    - 曲柄连杆机构的工作原理
    - 认知实训车辆或实训台的曲柄连杆机构
    - 汽车发动机异响故障分析
  - 学习活动2 活塞连杆组的检查与更换
    - 活塞连杆组的作用和组成
    - 活塞各组成部分的作用及常见活塞类型
    - 制订检修方案
    - 检查与更换活塞连杆组
      - 拆卸活塞连杆组
      - 检查活塞
        - 测量活塞裙部磨损量
        - 测量活塞环“三隙”
      - 安装活塞连杆组
  - 学习活动3 曲轴飞轮组的检查与更换
    - 曲轴飞轮组的作用和组成
    - 曲轴的组成
    - 制订检修方案
    - 检查与更换曲轴飞轮组
      - 拆卸曲轴飞轮组
      - 检查曲轴
        - 检查曲轴外观
        - 检查曲轴弯曲度
        - 检查曲轴轴颈磨损度
      - 安装曲轴飞轮组
      - 检查曲轴轴向间隙和径向间隙
        - 检查曲轴轴向间隙
        - 检查曲轴径向间隙
  - 学习活动4 气缸体的检查
    - 气缸体的作用、组成、制造材料和分类
    - 量缸表的组成、安装及使用
      - 量缸表的组成及安装
      - 量缸表的使用
    - 制订检修方案
    - 检查气缸体
      - 检查气缸体平面度
      - 检查气缸体磨损度
        - 气缸体标准直径
        - 量缸表调零
        - 确定测量位置
        - 测量缸径
  - 学习活动5 工作总结与评价
    - 工作总结
    - 综合评价
    - 学习任务六整体评价

学习活动 1　曲柄连杆机构的认知

学习目标

1. 能描述曲柄连杆机构的作用、组成及工作原理。

2. 能在发动机台架上正确找到曲柄连杆机构相关的零部件。

3. 能查阅资料，明确汽车发动机异响故障的检修内容、检修流程及检修方法。

建议学时：2 学时。

学习过程

一、曲柄连杆机构的作用和组成

1．曲柄连杆机构的作用

简述曲柄连杆机构的作用。

2．曲柄连杆机构的组成

曲柄连杆机构由机体组、活塞连杆组及曲轴飞轮组三部分组成，如图 6–1–1 所示。

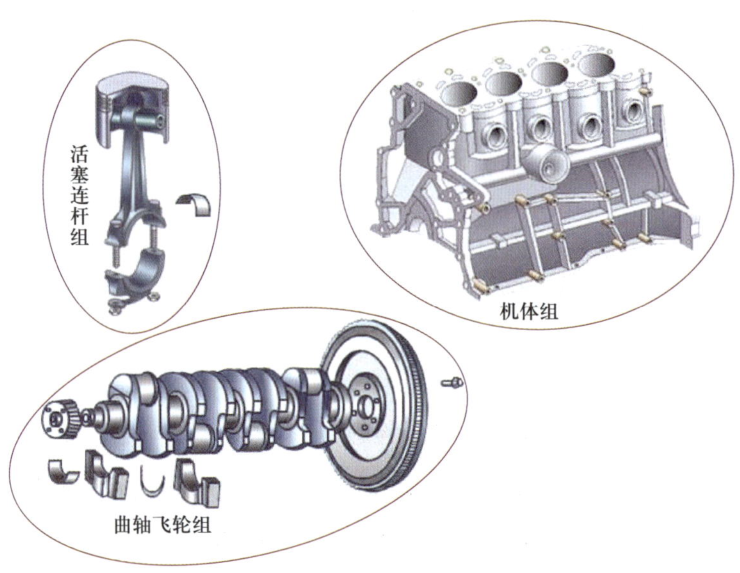

图 6-1-1　曲柄连杆机构的组成

结合图 6-1-1 和表 6-1-1 中的零部件图，认识曲柄连杆机构各组成零部件，并完成表 6-1-1 的填写。

表 6-1-1　曲柄连杆机构的组成零部件

分组	零部件图	零部件编号	零部件名称
活塞连杆组		1	
		2	
曲轴飞轮组		1	
		2	

续表

分组	零部件图	零部件编号	零部件名称
机体组	1 2 3 4 5	1	
		2	
		3	
		4	
		5	

二、曲柄连杆机构的工作原理

查阅资料，完成下列问题。

1．写出下列发动机专业术语的含义。

（1）发动机排量

（2）压缩比

（3）工作循环

（4）上、下止点

（5）工作容积

2．写出图 6–1–2 中汽油发动机的工作过程，并简述每个工作过程曲柄连杆机构的运动情况。

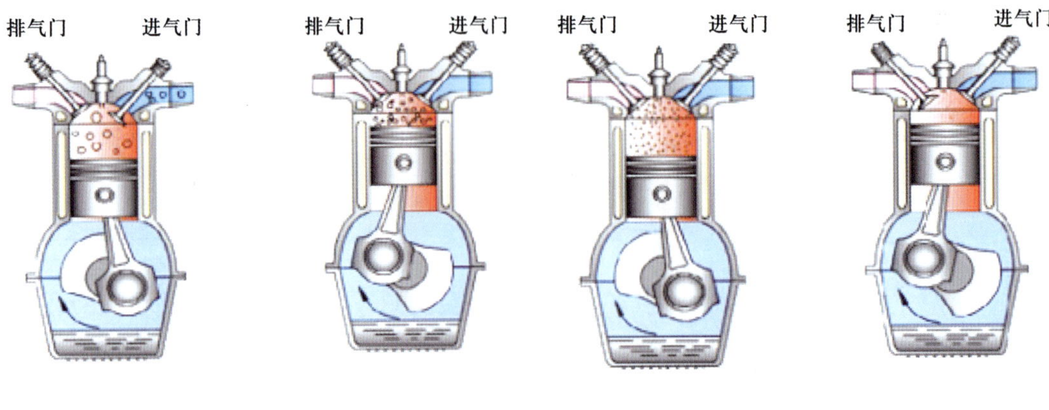

图 6–1–2　汽油发动机的工作过程

三、认知实训车辆或实训台的曲柄连杆机构

对照实训车辆或实训台的曲柄连杆机构，以小组为单位绘制一张曲柄连杆机构工作原理简图，并向其他组展示和说明该机构各组成零部件的名称、作用和安装位置。

四、汽车发动机异响故障分析

汽车发动机异响可能是发动机曲柄连杆机构故障导致的。根据你对发动机曲柄连杆机构的了解，小组讨论汽车发动机异响时，应主要对发动机曲柄连杆机构的哪些方面进行检修，以及对应的检修流程和检修方法等，将讨论结果填写在下面的横线上并向其他组展示和说明。

五、学习过程评价

学习过程评价见表 6-1-2。

表 6-1-2　学习过程评价表

班级		姓名		学号		日期	年　月　日
序号	评价要点				配分 / 分	得分	总评 / 分
1	能正确识读和填写工作页，明确学习活动的要求				10		A □（86 ~ 100） B □（76 ~ 85） C □（60 ~ 75） D □（60 以下）
2	能描述曲柄连杆机构的作用和组成				10		
3	能查阅资料，分析曲柄连杆机构的工作原理				20		
4	能对照实物，正确说出曲柄连杆机构各组成零部件的名称、作用和安装位置				20		
5	能查阅资料，明确汽车发动机异响故障的检修内容、检修流程及检修方法				10		
6	能遵守劳动纪律，以积极的态度接受工作任务				10		
7	能积极参与小组讨论，发挥团队合作精神				10		
8	能及时完成教师布置的任务				10		
总　分					100		
小结建议							

学习活动 2　活塞连杆组的检查与更换

1. 能描述活塞连杆组的作用和组成。
2. 能描述活塞各组成部分的作用及常见活塞类型。
3. 能正确判断活塞连杆组故障，明确活塞连杆组故障的检修内容和检修方法。
4. 能规范地完成活塞连杆组的检查与更换。

建议学时：6 学时。

一、活塞连杆组的作用和组成

1．简述活塞连杆组的作用。

2．查阅资料，根据图 6–2–1 所示活塞连杆组的分解图，在表 6–2–1 中填写活塞连杆组各组成零部件的名称。

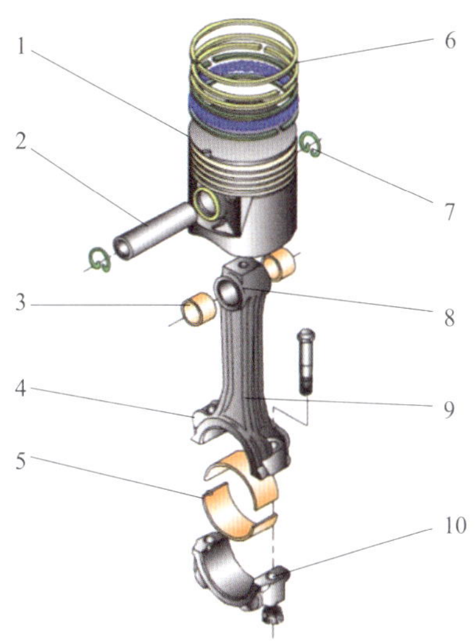

图 6-2-1　活塞连杆组的分解图

表 6-2-1　活塞连杆组的组成零部件

零部件编号	名称	零部件编号	名称
1		6	
2		7	
3		8	
4		9	
5		10	

二、活塞各组成部分的作用及常见活塞类型

1．活塞由活塞顶部、活塞头部、活塞裙部三部分构成，如图 6-2-2 所示，查阅资料，写出活塞各部分的作用。

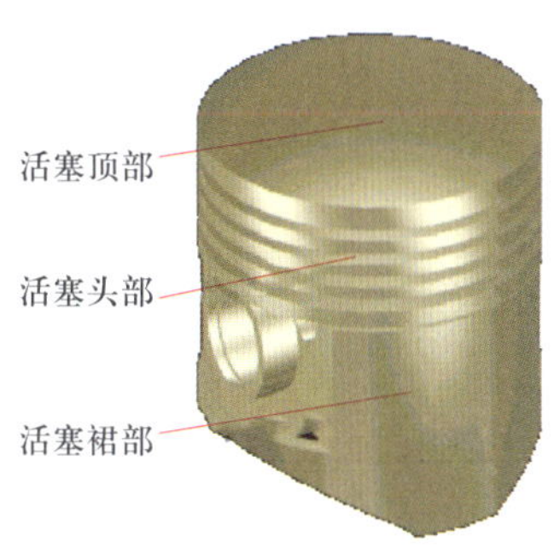

图 6-2-2　活塞的构成

（1）活塞顶部

（2）活塞头部

（3）活塞裙部

2．观察图 6–2–3 所示不同类型的活塞头部结构，写出对应的活塞名称。

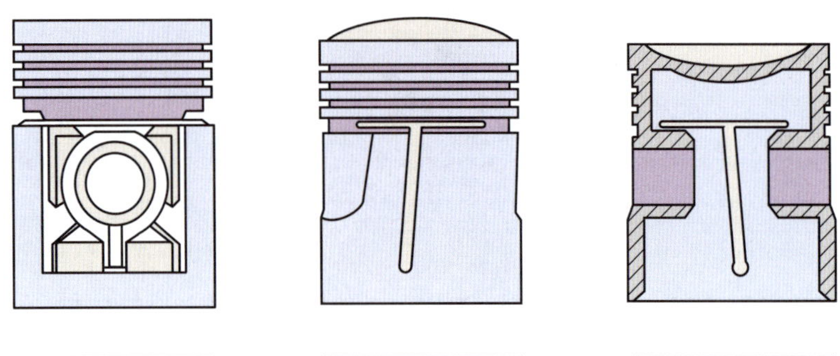

图 6–2–3　不同类型的活塞头部结构

三、制订检修方案

1．查阅资料，回答下列问题。

（1）如何判断活塞连杆组故障?

（2）活塞连杆组出现故障时，应主要对其哪些零部件进行检查？采用什么检修方法?

2．根据具体工作内容，明确小组成员分工，填写表 6–2–2。

表 6–2–2　小组成员分工

姓名	分工

3．根据要求列出维修所需主要工具及材料清单，填写表 6-2-3。

表 6-2-3　维修所需主要工具及材料清单

序号	工具及材料名称	单位	数量	备注

4．根据小组分工情况及客户要求，制订具体的维修工序，填写表 6-2-4。

表 6-2-4　维修工序安排

序号	维修工序内容	备注

四、检查与更换活塞连杆组

1．拆卸活塞连杆组

根据表 6-2-5 进行活塞连杆组的拆卸。

表 6-2-5　拆卸活塞连杆组

序号	操作图示	作业要领	完成情况
1	人为做的相应缸数的标记	将活塞连杆组摇转到下止点位置，此时应注意检查活塞、连杆和连杆轴承盖的安装记号	完　成□ 未完成□

续表

序号	操作图示	作业要领	完成情况
2		用扳手拧下连杆轴承固定螺栓，取下连杆轴承盖和轴承	完　成□ 未完成□
3		用锤子木柄由里向外推出活塞连杆组	完　成□ 未完成□
4		将已取下的连杆轴承盖和连杆轴承固定螺栓等按顺序放置，以防错乱	完　成□ 未完成□
5		使用活塞环钳拆卸活塞环，注意： （1）活塞环钳有爪子的部位朝上 （2）拆卸时，先拆第一道气环，再拆第二道气环	完　成□ 未完成□

2．检查活塞

日常检修中基本不对活塞连杆组中的连杆进行检查，因此，这里只检查活塞连杆组中的活塞。

活塞的损伤主要是磨损，包括活塞环槽的磨损、活塞裙部的磨损及活塞销座孔的磨损。其次，活塞刮伤、顶部烧蚀和脱顶等也属于非正常的损伤形式。

（1）测量活塞裙部磨损量

查阅维修手册，确定活塞裙部的测量位置，一般为从活塞底部往上_____ mm。使用千分尺对活塞裙部的磨损量进行测量，如图 6–2–4 所示。查阅维修手册，确定维修极限。完成后填写表 6–2–6。

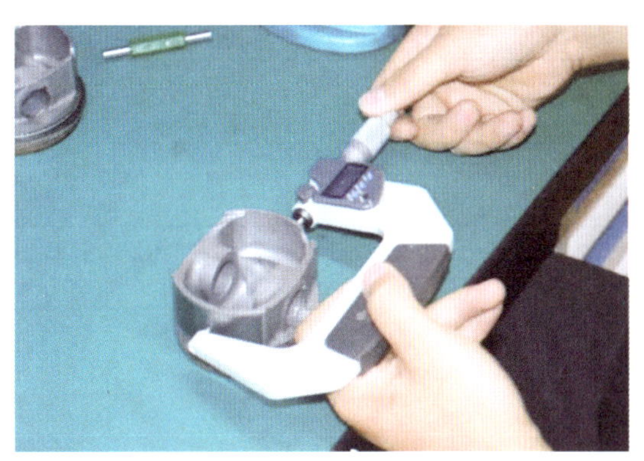
图 6-2-4　测量活塞裙部磨损量

表 6-2-6　测量活塞裙部磨损量

项目	活塞裙部磨损量			
	第 1 缸	第 2 缸	第 3 缸	第 4 缸
测量值				
维修极限				
维修建议				

（2）测量活塞环“三隙”

活塞环“三隙”包括端隙、侧隙和背隙。测量“三隙”前，须对活塞环及活塞环槽进行清洁，去除积碳，保证测量的准确性。

1）测量活塞环端隙。将活塞环放在气缸内，用活塞顶部将活塞环推正，将塞尺塞进活塞环开口处进行端隙测量，如图 6-2-5 所示。完成后填写表 6-2-7。

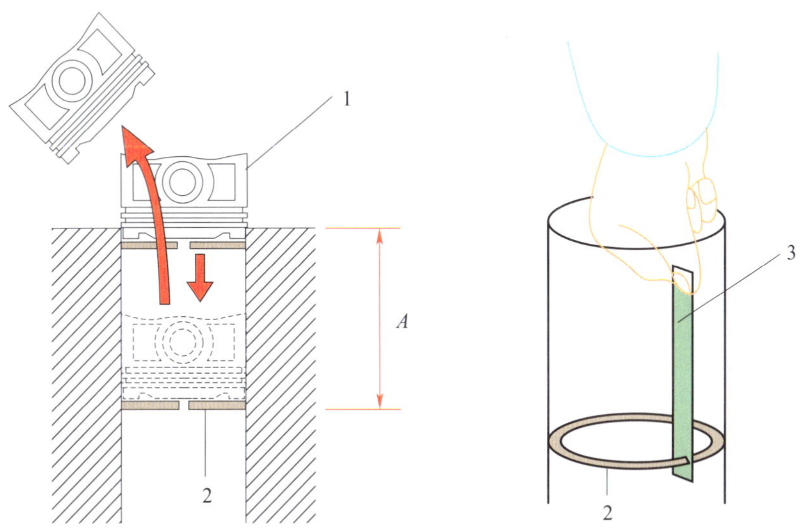

图 6-2-5　测量活塞环端隙

1—活塞　2—活塞环　3—塞尺　A—推正深度（约 150 mm）

表 6-2-7　　测量活塞环端隙

测量值	
维修标准	
维修建议	

2）测量活塞环侧隙。将活塞环放在环槽内，使活塞环围绕环槽转动一圈，活塞环在环槽内应能转动自如，既无松动又无卡滞现象。

用塞尺测量活塞环侧隙，如图 6-2-6 所示。完成后填写表 6-2-8。

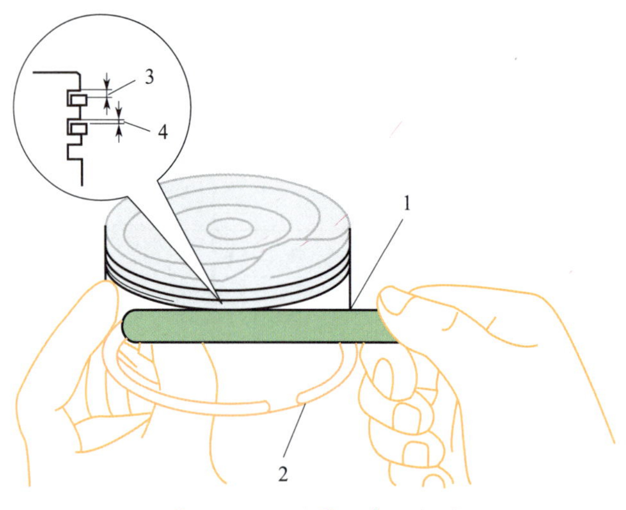

图 6-2-6　测量活塞环侧隙

1—塞尺　2—活塞环　3、4—活塞环侧隙

表 6-2-8　　测量活塞环侧隙

测量值	
维修标准	
维修建议	

3）测量活塞环背隙。活塞环背隙的计算方法如下。

活塞环背隙 = 活塞环槽的深度 + 活塞与气缸壁间的间隙 – 活塞环的宽度

将活塞环装进活塞槽时，要求活塞环的宽度比活塞环槽的深度小。由于活塞与气缸壁间的间隙很小，一般此项可忽略不计。

用游标卡尺测量活塞环背隙，如图 6-2-7 所示。完成后填写表 6-2-9。

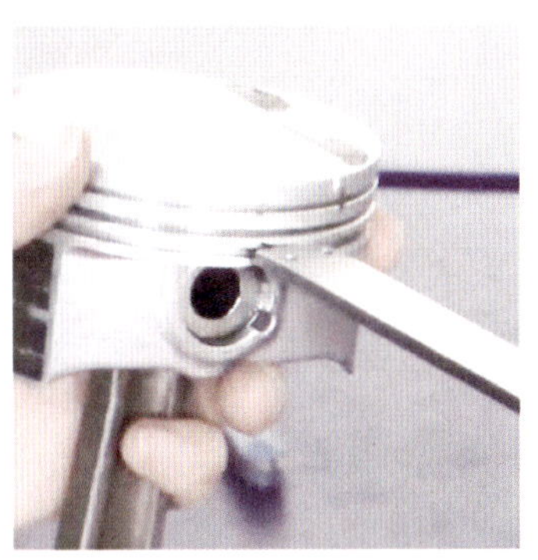

图 6-2-7 测量活塞环背隙

表 6-2-9 测量活塞环背隙

测量值	
维修标准	
维修建议	

3．安装活塞连杆组

根据表 6-2-10 进行活塞连杆组的安装，并将作业要领补充完整。

表 6-2-10 安装活塞连杆组

序号	操作图示	作业要领	完成情况
1	第一道气环 第二道气环 组合油环	使用活塞环钳完成活塞环安装，注意： （1）活塞环钳爪子朝下 （2）活塞环安装的顺序与拆卸时相反，气环安装时带字母的一面朝上	完　成□ 未完成□
2	标记 顶环 第二环 支撑环 油环	安装时，相邻两道环之间应错开 120°，且不能将开口置于活塞销轴线上	完　成□ 未完成□

续表

序号	操作图示	作业要领	完成情况
3		在气缸内涂上润滑油	完　成□ 未完成□
4		将曲轴摇至下止点位置，按照活塞拆卸时的顺序及朝向，塞入活塞	完　成□ 未完成□
5		用活塞环钳夹住活塞环，将活塞推入气缸内	完　成□ 未完成□
6		装上相应的轴承和连杆轴承盖，使用扭力扳手按汽车维修手册规定的力矩拧紧连杆轴承固定螺栓	完　成□ 未完成□

紧固连杆轴承固定螺栓需要多大力矩？其拧紧顺序遵循什么原则？

五、学习过程评价

学习过程评价见表 6-2-11。

表 6-2-11　学习过程评价表

班级		姓名		学号		日期	年　月　日
序号	评价要点				配分 / 分	得分	总评 / 分
1	能正确识读和填写工作页，明确学习活动的要求				10		A □（86 ~ 100） B □（76 ~ 85） C □（60 ~ 75） D □（60 以下）
2	能描述活塞连杆组的作用和组成				5		
3	能描述活塞各组成部分的作用及常见活塞类型				5		
4	能正确判断活塞连杆组故障，明确活塞连杆组故障的检修内容和检修方法				10		
5	能规范地完成活塞连杆组的拆卸				10		
6	能规范地完成活塞的检查				20		
7	能规范地完成活塞连杆组的安装				10		
8	能遵守劳动纪律，以积极的态度接受工作任务				10		
9	能积极参与小组讨论，发挥团队合作精神				10		
10	能及时完成教师布置的任务				10		
总　分					100		
小结建议							

学习活动 3　曲轴飞轮组的检查与更换

学习目标

1. 能描述曲轴飞轮组的作用和组成。
2. 能描述曲轴的组成。
3. 能正确判断曲轴飞轮组故障，明确曲轴飞轮组故障的检修内容和检修方法。
4. 能规范地完成曲轴飞轮组的检查与更换。

建议学时：6 学时。

学习过程

一、曲轴飞轮组的作用和组成

1. 简述曲轴飞轮组的作用。

2. 查阅资料，根据图 6–3–1 所示曲轴飞轮组的结构，在表 6–3–1 中填写曲轴飞轮组各组成零部件的名称。

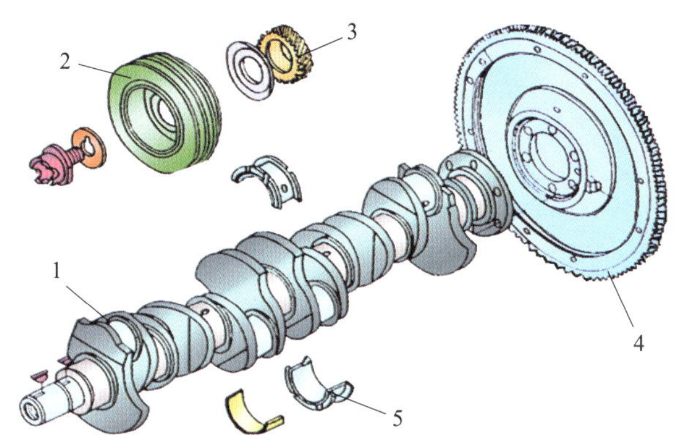

图 6-3-1 曲轴飞轮组的结构

表 6-3-1 曲轴飞轮组的组成零部件

零部件编号	名称	零部件编号	名称
1		4	
2		5	
3			

二、曲轴的组成

查阅资料，根据图 6-3-2 所示曲轴的结构，在表 6-3-2 中填写曲轴各组成零部件的名称。

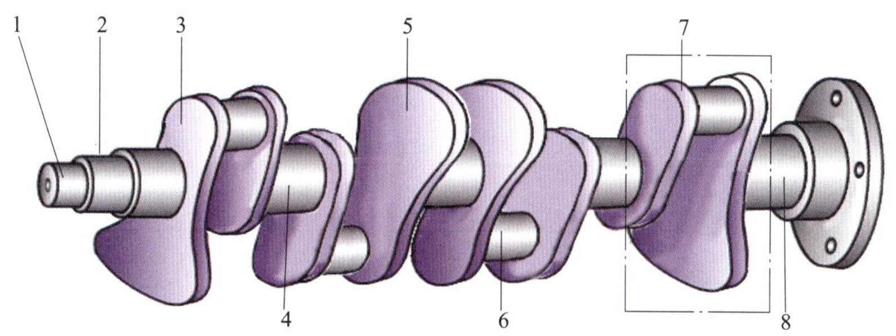

图 6-3-2 曲轴的结构

表 6-3-2 曲轴的组成零部件

零部件编号	名称	零部件编号	名称
1		5	
2		6	
3		7	
4		8	

三、制订检修方案

1．查阅资料，回答下列问题。

（1）如何判断曲轴飞轮组故障？

（2）曲轴飞轮组出现故障时，应主要对其哪些零部件进行检查？采用什么检修方法？

（3）更换曲轴飞轮组后，还应对其哪些参数进行测量？

2．根据具体工作内容，明确小组成员分工，填写表 6–3–3。

表 6–3–3　小组成员分工

姓名	分工

3．根据要求列出维修所需主要工具及材料清单，填写表 6–3–4。

表 6–3–4　维修所需主要工具及材料清单

序号	工具及材料名称	单位	数量	备注

4．根据小组分工情况及客户要求，制订具体的维修工序，填写表 6–3–5。

表 6–3–5　维修工序安排

序号	维修工序内容	备注

四、检查与更换曲轴飞轮组

1．拆卸曲轴飞轮组

根据表 6–3–6 进行曲轴飞轮组的拆卸。

表 6–3–6　拆卸曲轴飞轮组

序号	操作图示	作业要领	完成情况
1		将曲轴锁止，松开飞轮螺栓，将飞轮拆下	完　成□ 未完成□
2		拆下曲轴两端的油封，按照从两端到中间的顺序拆下曲轴轴承盖	完　成□ 未完成□

续表

序号	操作图示	作业要领	完成情况
3		取出上轴承盖端的止推片，取出曲轴	完　成□ 未完成□
4		按顺序将拆卸下来的部件摆放整齐	完　成□ 未完成□

对曲轴进行检修前，需要完成曲轴的清洁，写出清洁曲轴的步骤及注意事项。

2. 检查曲轴

（1）检查曲轴外观

检查曲轴是否存在严重弯曲，轴颈是否有严重的擦伤、拉毛、麻点等，若出现以上情况，应予以更换。

（2）检查曲轴弯曲度

1）将曲轴第一道和最后一道主轴颈放在V形块上，用百分表触头垂直触及中间一道主轴颈。

2）转动曲轴，此时百分表指针所示的最大摆差即为曲轴的弯曲度，如图6–3–3所示。完成后填写表6–3–7。

图 6-3-3 检查曲轴弯曲度

表 6-3-7 检查曲轴弯曲度

测量值	
维修标准	
维修建议	

（3）检查曲轴轴颈磨损度

1）将曲轴放在 V 形块上。

2）用千分尺分别测量曲轴主轴颈和连杆轴颈的直径，如图 6-3-4 所示。测量方法如下。

图 6-3-4 测量直径

①每个轴颈取前、后两个截面，每个截面取相互垂直的两个直径进行测量（应当避开加润滑油口），记录数据。

②计算轴颈的圆度值及圆柱度值，确定轴颈磨损度，其中：圆度 = 同一截面的两个垂直直径之差 /2，圆柱度 = 同一轴颈所有直径中最大值与最小值之差 /2。

3）查阅维修手册，确定曲轴的维修极限，完成主轴颈磨损度表（表 6-3-8）、连杆轴颈磨损度表（表 6-3-9）的填写。

表 6-3-8　主轴颈磨损度表

<table>
<tr><th rowspan="3">项目</th><th colspan="10">主轴颈磨损度</th></tr>
<tr><th colspan="2">第一道</th><th colspan="2">第二道</th><th colspan="2">第三道</th><th colspan="2">第四道</th><th colspan="2">第五道</th></tr>
<tr><th>前</th><th>后</th><th>前</th><th>后</th><th>前</th><th>后</th><th>前</th><th>后</th><th>前</th><th>后</th></tr>
<tr><td>纵向直径</td><td></td><td></td><td></td><td></td><td></td><td></td><td></td><td></td><td></td><td></td></tr>
<tr><td>横向直径</td><td></td><td></td><td></td><td></td><td></td><td></td><td></td><td></td><td></td><td></td></tr>
<tr><td>圆度误差</td><td></td><td></td><td></td><td></td><td></td><td></td><td></td><td></td><td></td><td></td></tr>
<tr><td>圆柱度误差</td><td colspan="2"></td><td colspan="2"></td><td colspan="2"></td><td colspan="2"></td><td colspan="2"></td></tr>
<tr><td>维修极限</td><td colspan="2"></td><td colspan="2"></td><td colspan="2"></td><td colspan="2"></td><td colspan="2"></td></tr>
<tr><td>维修建议</td><td colspan="2"></td><td colspan="2"></td><td colspan="2"></td><td colspan="2"></td><td colspan="2"></td></tr>
</table>

表 6-3-9　连杆轴颈磨损度表

<table>
<tr><th rowspan="3">项目</th><th colspan="8">连杆轴颈磨损度</th></tr>
<tr><th colspan="2">第一道</th><th colspan="2">第二道</th><th colspan="2">第三道</th><th colspan="2">第四道</th></tr>
<tr><th>前</th><th>后</th><th>前</th><th>后</th><th>前</th><th>后</th><th>前</th><th>后</th></tr>
<tr><td>纵向直径</td><td></td><td></td><td></td><td></td><td></td><td></td><td></td><td></td></tr>
<tr><td>横向直径</td><td></td><td></td><td></td><td></td><td></td><td></td><td></td><td></td></tr>
<tr><td>圆度误差</td><td></td><td></td><td></td><td></td><td></td><td></td><td></td><td></td></tr>
<tr><td>圆柱度误差</td><td colspan="2"></td><td colspan="2"></td><td colspan="2"></td><td colspan="2"></td></tr>
<tr><td>维修极限</td><td colspan="2"></td><td colspan="2"></td><td colspan="2"></td><td colspan="2"></td></tr>
<tr><td>维修建议</td><td colspan="2"></td><td colspan="2"></td><td colspan="2"></td><td colspan="2"></td></tr>
</table>

3．安装曲轴飞轮组

根据表 6-3-10 进行曲轴飞轮组的安装。

表 6-3-10　　安装曲轴飞轮组

序号	操作图示	作业要领	完成情况
1		用抹布擦净曲轴轴承和轴瓦，在下轴瓦上涂适当的润滑油，安装上、下止推片	完　成□ 未完成□
2		将曲轴抬上气缸体，并在轴颈上涂抹润滑油，转动曲轴至顺滑状态，注意下止推片不能滑出	完　成□ 未完成□
3		按照拆卸时标记的顺序和方向正确装入轴承盖，将上止推片装进中间的轴承盖两侧，旋进轴承盖固定螺栓	完　成□ 未完成□
4		按照从中间往两端的顺序旋紧轴承盖螺栓，并根据维修手册的要求，使用扭力扳手、角度计等完成轴承盖螺栓的加固	完　成□ 未完成□

续表

序号	操作图示	作业要领	完成情况
5		安装前、后油封盖	完　成□ 未完成□
6		固定曲轴，安装飞轮	完　成□ 未完成□

4．检查曲轴轴向间隙和径向间隙

（1）检查曲轴轴向间隙

用撬棒前后拨动曲轴曲柄臂，将塞尺塞进曲轴止推片与缸体之间，厚度最大值即为曲轴的轴向间隙，如图 6-3-5 所示。查阅维修手册，确定维修极限，并填写表 6-3-11。

若曲轴轴向间隙过大或过小，可通过止推片调整。

图 6-3-5　检查曲轴轴向间隙

表 6-3-11　　检查曲轴轴向间隙

测量值	
维修极限	
维修建议	

查阅资料，简述如何使用百分表完成曲轴轴向间隙的测量。

（2）检查曲轴径向间隙

在曲轴及其轴承盖之间纵向放入专用塑料间隙规，按照维修手册的扭矩要求拧紧轴承盖，注意拧紧过程中应防止曲轴转动。

拆下轴承盖，取出已压展的塑料间隙规，与附带有不一样宽度色标的量规进行对比，所标示的值即为径向间隙，如图 6-3-6 所示。查阅维修手册，确定维修极限，并填写表 6-3-12。

若曲轴径向间隙过大或过小，可通过轴瓦调整。

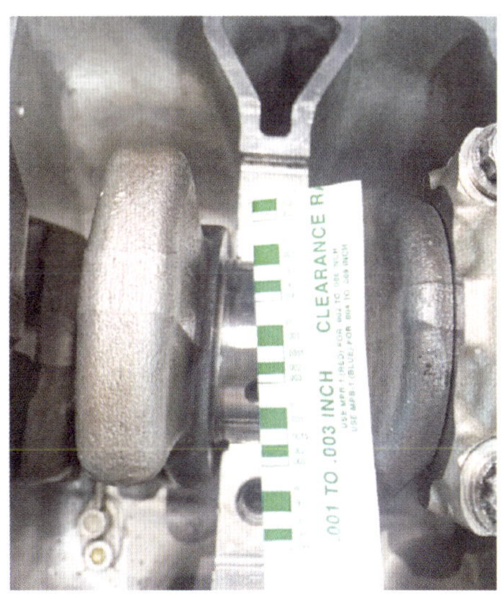

图 6-3-6　检查曲轴径向间隙

表 6-3-12　　检查曲轴径向间隙

测量值	
维修极限	
维修建议	

五、学习过程评价

学习过程评价见表 6–3–13。

表 6–3–13 学习过程评价表

<table>
<tr><td>班级</td><td></td><td>姓名</td><td></td><td>学号</td><td></td><td>日期</td><td>年　月　日</td></tr>
<tr><td>序号</td><td colspan="4">评价要点</td><td>配分 / 分</td><td>得分</td><td>总评 / 分</td></tr>
<tr><td>1</td><td colspan="4">能正确识读和填写工作页，明确学习活动的要求</td><td>10</td><td></td><td rowspan="12">A □（86 ~ 100）
B □（76 ~ 85）
C □（60 ~ 75）
D □（60 以下）</td></tr>
<tr><td>2</td><td colspan="4">能描述曲轴飞轮组的作用和组成</td><td>5</td><td></td></tr>
<tr><td>3</td><td colspan="4">能描述曲轴的组成</td><td>5</td><td></td></tr>
<tr><td>4</td><td colspan="4">能正确判断曲轴飞轮组故障，明确曲轴飞轮组故障的检修内容和检修方法</td><td>10</td><td></td></tr>
<tr><td>5</td><td colspan="4">能规范地完成曲轴飞轮组的拆卸</td><td>10</td><td></td></tr>
<tr><td>6</td><td colspan="4">能规范地完成曲轴的检查</td><td>10</td><td></td></tr>
<tr><td>7</td><td colspan="4">能规范地完成曲轴飞轮组的安装</td><td>10</td><td></td></tr>
<tr><td>8</td><td colspan="4">能规范地完成曲轴轴向间隙和径向间隙的检查</td><td>10</td><td></td></tr>
<tr><td>9</td><td colspan="4">能遵守劳动纪律，以积极的态度接受工作任务</td><td>10</td><td></td></tr>
<tr><td>10</td><td colspan="4">能积极参与小组讨论，发挥团队合作精神</td><td>10</td><td></td></tr>
<tr><td>11</td><td colspan="4">能及时完成教师布置的任务</td><td>10</td><td></td></tr>
<tr><td colspan="5">总　分</td><td>100</td><td></td></tr>
<tr><td>小结
建议</td><td colspan="7"></td></tr>
</table>

学习活动 4　气缸体的检查

学习目标

1. 能描述气缸体的作用、组成、制造材料和分类。

2. 能描述量缸表的组成，正确安装和使用量缸表。

3. 能正确判断气缸体故障，明确气缸体故障的检修内容和检修方法。

4. 能完成气缸体的检查。

建议学时：4 学时。

学习过程

一、气缸体的作用、组成、制造材料和分类

1. 简述气缸体的作用。

2. 气缸体是活塞做往复运动的通道，是发动机的核心部位。查阅资料，根据图 6-4-1 所示气缸体的结构，在表 6-4-1 中填写气缸体各组成零部件的名称。

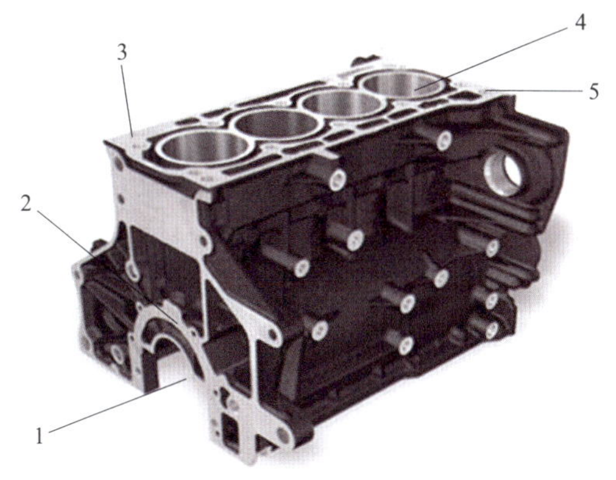

图 6-4-1　气缸体的结构

表 6-4-1　　　　气缸体的组成零部件

零部件编号	名称	零部件编号	名称
1		4	
2		5	
3			

3．气缸体一般是用什么材料制造的?

4．在对应的示意图下方写出不同类型气缸体的名称。

（1）按照结构分类（图 6-4-2）

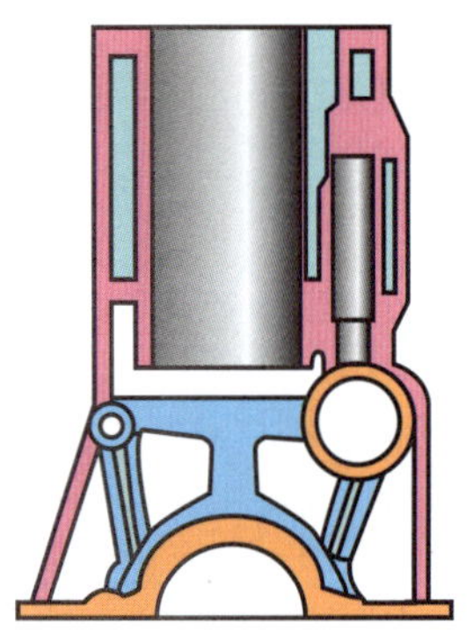

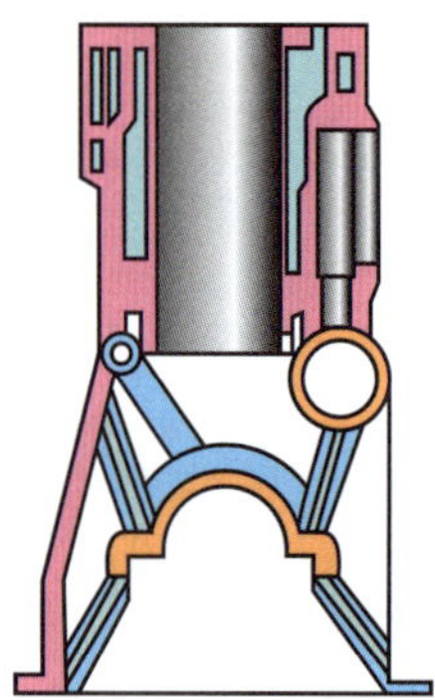

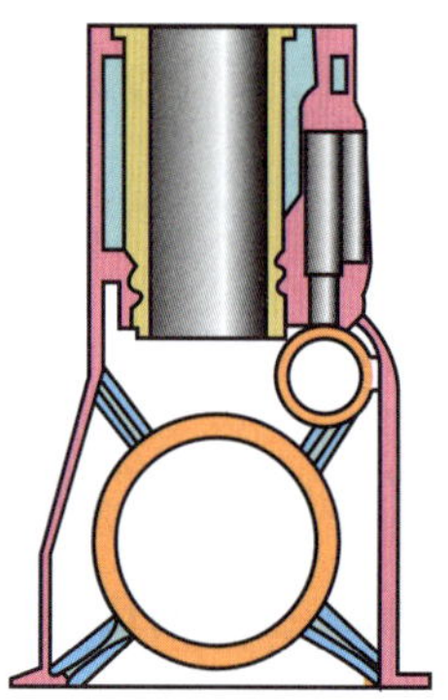

图 6-4-2　按照结构分类

（2）按照冷却方式分类（图 6-4-3）

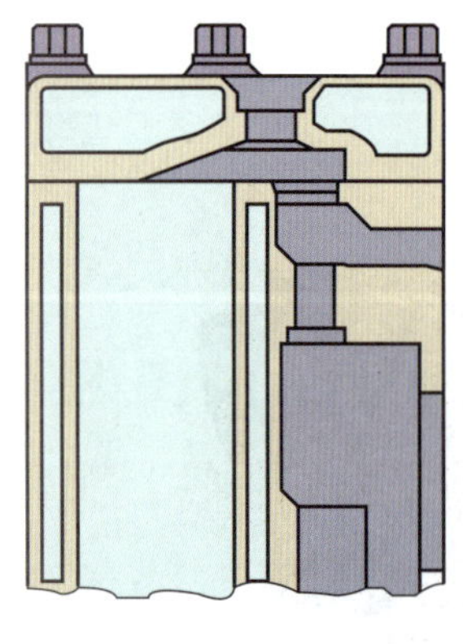

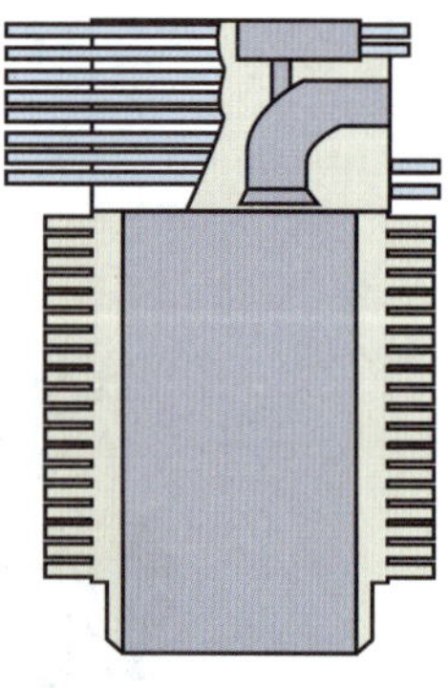

图 6-4-3　按照冷却方式分类

二、量缸表的组成、安装及使用

1．量缸表的组成及安装

量缸表又称内径百分表，是一种用于测量孔径的比较性量具，在汽车维修中主要用于测量发动机气缸的直径。

图 6-4-4 所示为量缸表的结构组成。

安装量缸表时，将百分表装进手柄主体，预压约 1 mm，锁紧百分表；选择合适的测量杆，旋进并锁紧。

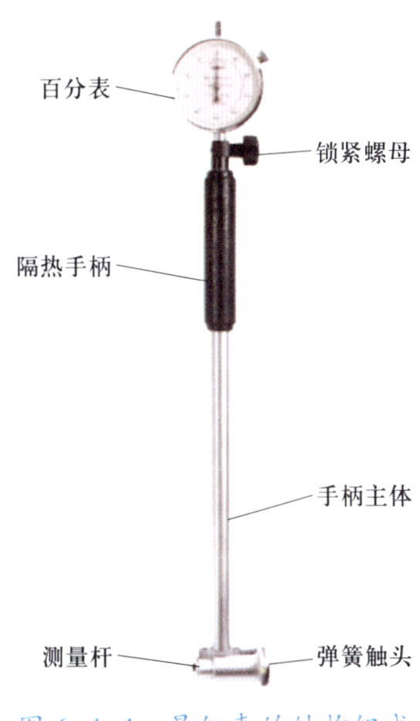

图 6-4-4 量缸表的结构组成

简述测量杆的选择依据。

2．量缸表的使用

简述量缸表的使用方法。

三、制订检修方案

1．查阅资料，回答下列问题。

（1）如何判断气缸体故障？

（2）气缸体出现故障时，应主要从哪些方面对其进行检查？采用什么检修方法？

2．根据具体工作内容，明确小组成员分工，填写表 6–4–2。

表 6–4–2 小组成员分工

姓名	分工

3．根据要求列出维修所需主要工具及材料清单，填写表 6–4–3。

表 6–4–3 维修所需主要工具及材料清单

序号	工具及材料名称	单位	数量	备注

4．根据小组分工情况及客户要求，制订具体的维修工序，填写表 6–4–4。

表 6–4–4　维修工序安排

序号	维修工序内容	备注

四、检查气缸体

1．检查气缸体平面度

使用刀口形直尺、塞尺对气缸体上平面横向 1、横向 2、纵向 1、纵向 2 及对角 1、对角 2 六个方向每个方向漏光量最多的地方进行测量，记录最大值，如图 6–4–5 所示。查阅维修手册，确定气缸体上平面的维修极限，并填写表 6–4–5。

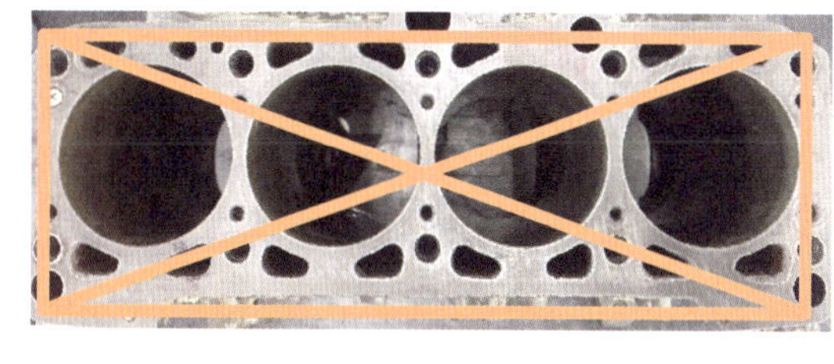

图 6–4–5　检查气缸体平面度

表 6–4–5　检查气缸体平面度

项目	气缸体平面度					
	横向 1	横向 2	纵向 1	纵向 2	对角 1	对角 2
位置 1 测量值						
位置 2 测量值						
位置 3 测量值						

续表

项目	气缸体平面度					
	横向 1	横向 2	纵向 1	纵向 2	对角 1	对角 2
位置 4 测量值						
位置 5 测量值						
维修极限						
维修建议						

2．检查气缸体磨损度

（1）气缸体标准直径

查阅汽车维修手册，获取气缸体的标准直径。

（2）量缸表调零

使用台虎钳将千分尺夹紧，将千分尺读数调至气缸体的标准直径值，将装好的量缸表表头调零，并将量缸表压进千分尺预设的量程内，如图 6-4-6 所示，观察量缸表表头的转动情况。为方便读数，建议将量缸表压进千分尺时，表头刚好转动 1 圈，以完成调零。

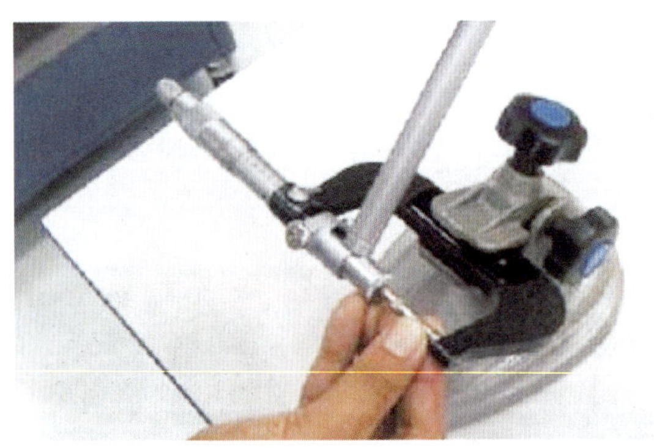

图 6-4-6　量缸表调零

量缸表调零的方法很多，简述除以上方法外其他常用的调零方法，并进行实践。

（3）确定测量位置

分别用量缸表对气缸体上、中、下三个截面横、纵两个方向进行测量，如图 6–4–7 所示，其中上截面为距气缸体上端面 10 mm 处的截面，下截面为从气缸套底部往上 10 mm 处的截面，中截面为气缸套中间位置处的截面。

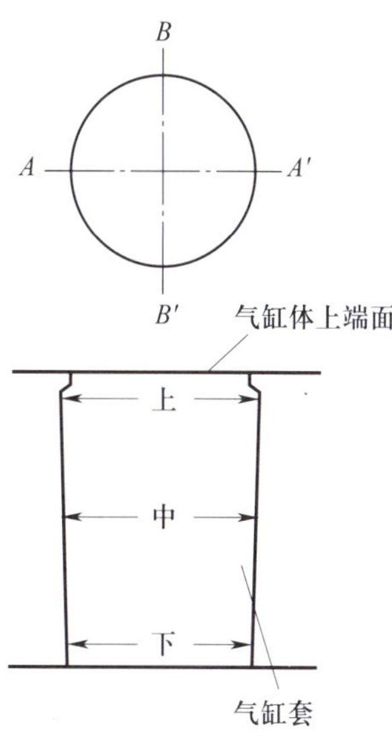

图 6–4–7　确定测量位置

（4）测量缸径

将量缸表的测量杆以一定的角度放进气缸中，然后用手压住量缸表的隔热手柄，慢慢移动杆身，使其与气缸轴线平行。

左右或上下移动量缸表，找到最短距离的位置，该位置即为气缸内径的测量位置，读出该位置量缸表指针距满圈的数值。

检查结束，完成表 6–4–6 的填写。

表 6–4–6　检查气缸体磨损度

项目	气缸体磨损度											
	第 1 缸			第 2 缸			第 3 缸			第 4 缸		
	上	中	下	上	中	下	上	中	下	上	中	下
纵向直径												
横向直径												
圆度误差												

续表

<table>
<tr><td rowspan="3">项目</td><td colspan="12">气缸体磨损度</td></tr>
<tr><td colspan="3">第 1 缸</td><td colspan="3">第 2 缸</td><td colspan="3">第 3 缸</td><td colspan="3">第 4 缸</td></tr>
<tr><td>上</td><td>中</td><td>下</td><td>上</td><td>中</td><td>下</td><td>上</td><td>中</td><td>下</td><td>上</td><td>中</td><td>下</td></tr>
<tr><td>圆柱度误差</td><td colspan="3"></td><td colspan="3"></td><td colspan="3"></td><td colspan="3"></td></tr>
<tr><td>标准缸径</td><td colspan="3"></td><td colspan="3"></td><td colspan="3"></td><td colspan="3"></td></tr>
<tr><td>维修建议</td><td colspan="3"></td><td colspan="3"></td><td colspan="3"></td><td colspan="3"></td></tr>
</table>

五、学习过程评价

学习过程评价见表 6–4–7。

表 6–4–7　　学习过程评价表

<table>
<tr><td>班级</td><td></td><td>姓名</td><td></td><td>学号</td><td></td><td>日期</td><td>年　月　日</td></tr>
<tr><td>序号</td><td colspan="5">评价要点</td><td>配分 / 分</td><td>得分</td><td>总评 / 分</td></tr>
<tr><td>1</td><td colspan="5">能正确识读和填写工作页，明确学习活动的要求</td><td>10</td><td></td><td rowspan="10">A □（86 ~ 100）
B □（76 ~ 85）
C □（60 ~ 75）
D □（60 以下）</td></tr>
<tr><td>2</td><td colspan="5">能描述气缸体的作用、组成、制造材料和分类</td><td>10</td><td></td></tr>
<tr><td>3</td><td colspan="5">能描述量缸表的组成，正确安装和使用量缸表</td><td>10</td><td></td></tr>
<tr><td>4</td><td colspan="5">能正确判断气缸体故障，明确气缸体故障的检修内容和检修方法</td><td>10</td><td></td></tr>
<tr><td>5</td><td colspan="5">能规范地完成气缸体平面度的检查</td><td>10</td><td></td></tr>
<tr><td>6</td><td colspan="5">能规范地完成气缸体磨损度的检查</td><td>20</td><td></td></tr>
<tr><td>7</td><td colspan="5">能遵守劳动纪律，以积极的态度接受工作任务</td><td>10</td><td></td></tr>
<tr><td>8</td><td colspan="5">能积极参与小组讨论，发挥团队合作精神</td><td>10</td><td></td></tr>
<tr><td>9</td><td colspan="5">能及时完成教师布置的任务</td><td>10</td><td></td></tr>
<tr><td colspan="6">总　分</td><td>100</td><td></td></tr>
<tr><td>小结建议</td><td colspan="8"></td></tr>
</table>

学习活动 5　工作总结与评价

学习目标

1. 能以小组形式对学习过程和成果进行汇报总结。
2. 能完成对学习过程的综合评价。

建议学时：2 学时。

学习过程

一、工作总结

在世界技能大赛中，要求选手具有一定的组织规划、沟通、创新等能力，这在实际的生产工作中是十分必要的。以小组为单位，选择演示文稿、展板、海报、视频等形式中的一种或几种，向全班展示、汇报学习成果。

二、综合评价

针对本任务的学习情况，根据表 6–5–1 所列综合评价标准进行评分。

表 6–5–1　综合评价标准

评价项目	评价内容及标准	配分 / 分	评分		
			自我评价	小组评价	教师评价
组织和管理	团队合作，合理计划，高效管理时间	3			
	及时检查工作进展和效果	3			
	保证高质量完成工作	4			
沟通能力	深度咨询客户，完全理解其要求	10			
	提供明确说明，准确回答客户疑问	10			
计划创新能力	及时处理工作中遇到的问题	10			
	提出创新性、可行性建议，提高客户满意度	10			

续表

评价项目	评价内容及标准	配分 / 分	评分		
			自我评价	小组评价	教师评价
专业知识	具备汽车曲柄连杆机构各零部件的作用、组成、原理等理论知识	10			
	具备汽车发动机异响故障检修知识	10			
实践能力	具备汽车发动机活塞连杆组的检查与更换技能	10			
	具备汽车发动机曲轴飞轮组的检查与更换技能	10			
	具备汽车发动机气缸体的检查技能	10			
学生姓名		综合评价得分			
指导教师		日期			

三、学习任务六整体评价

学习任务六整体评价见表 6-5-2。

表 6-5-2　学习任务六整体评价表

项目	自我评价			小组评价			教师评价		
	10 ~ 9 分	8 ~ 6 分	5 ~ 1 分	10 ~ 9 分	8 ~ 6 分	5 ~ 1 分	10 ~ 9 分	8 ~ 6 分	5 ~ 1 分
	占总评 10%			占总评 30%			占总评 60%		
学习活动 1									
学习活动 2									
学习活动 3									
学习活动 4									
学习活动 5									
协作精神									
纪律观念									
表达与分析能力									
工作态度									
任务总体表现									
小计 / 分									
总评 / 分									

世赛知识

汽车技术项目中国获奖选手

汽车技术项目是指选手在汽修车间进行汽车检测、故障诊断以及维护修理的竞赛项目。比赛中对选手的技能要求主要包括：目视检查，使用测试仪器与故障诊断仪器进行测量、检测，对数据（流）进行分析，诊断车辆各系统的故障并排除；具备良好的逻辑思维能力，能进行电气系统的构建和测试；可完成制动稳定性控制系统、悬挂及转向系统、发动机力学性能测试与修理，具备传动装置和组件维护、柴油系统和汽油发动机管理等问题的诊断及检修能力。

奖牌榜（2011—2019年）

赛事	金牌	银牌	铜牌
第41届世界技能大赛	瑞士 日本	—	英国
第42届世界技能大赛	澳大利亚	韩国 意大利南蒂罗尔	瑞士
第43届世界技能大赛	韩国 巴西	—	中国台北
第44届世界技能大赛	中国台北	中国(杨文浩)	日本 马来西亚
第45届世界技能大赛	俄罗斯	中国(王桢) 中国台北	—

学习任务七　汽车发动机机油警告灯亮故障检修

学习目标

1. 能描述润滑系统作用、结构、类型及工作原理，明确汽车发动机机油警告灯亮故障的检修内容、检修流程及检修方法。

2. 能描述机油的作用和牌号、机油滤清器的结构和作用，分析造成发动机漏油的原因，并能进行机油及机油滤清器的检查与更换。

3. 能描述机油压力传感器的作用和工作原理，分析造成机油压力异常的原因，正确使用机油压力表测量机油的压力，并根据机油压力的测量结果，选用合适的方法排除机油压力异常故障。

4. 能描述机油泵的类型、特点、结构和工作原理，分析机油泵损坏对发动机的影响，并能进行机油泵的检查与更换。

5. 能对维修场地的相关设备进行日常维护与保养，按6S管理规定清理现场。

6. 能对相关资料、互联网资源进行检索，完成维修工单、工作页的填写。

7. 能展示工作成果，进行任务评价，总结工作经验，优化检修方案。

8. 能在作业过程中严格执行企业操作规范、安全生产制度、环保管理制度，严格遵守从业人员的职业道德，具有吃苦耐劳、爱岗敬业的工作态度和职业责任感。

建议学时

20学时。

工作情境描述

一辆丰田凯美瑞轿车在行驶过程中出现发动机机油警告灯点亮的现象，且发动机舱发出尖锐的声音，车主将该车辆送入维修站维修，经维修技师检查，初步判断为发动机润滑系统故障。汽车维修人员需要根据维修手册的相关要求，在规定时间内完成发动机润滑系统的检查与零部件的更换，完成后交付验收。

工作流程与活动

1．润滑系统的认知（2学时）

2．机油及机油滤清器的检查与更换（6学时）

3．机油压力的检测（4学时）

4．机油泵的检查与更换（6学时）

5．工作总结与评价（2学时）

思维导图

- 学习任务七 汽车发动机机油警告灯亮故障检修
  - 学习活动1 润滑系统的认知
    - 润滑系统的作用和工作原理
    - 润滑系统的结构
    - 润滑系统的类型
    - 认知实训车辆或实训台的发动机润滑系统
    - 汽车发动机机油警告灯亮故障分析
  - 学习活动2 机油及机油滤清器的检查与更换
    - 机油的作用
    - 机油的牌号
    - 机油滤清器的结构和作用
    - 制订检修方案
    - 检查与更换机油及机油滤清器
      - 检查机油量
      - 检查机油的漏油情况
      - 更换机油及机油滤清器
  - 学习活动3 机油压力的检测
    - 机油压力传感器的作用和工作原理
    - 机油压力表的使用
    - 制订检修方案
    - 检测机油压力
  - 学习活动4 机油泵的检查与更换
    - 机油泵的类型及特点
    - 机油泵的结构和工作原理
      - 转子式机油泵
      - 叶片式机油泵
      - 外啮合齿轮式机油泵
      - 内啮合齿轮式机油泵
    - 制订检修方案
    - 拆卸机油泵总成
    - 检查与更换机油泵
  - 学习活动5 工作总结与评价
    - 工作总结
    - 综合评价
    - 学习任务七整体评价

学习活动 1　润滑系统的认知

学习目标

1. 能描述润滑系统的作用和工作原理。

2. 能描述润滑系统的结构和类型。

3. 能在发动机台架上正确找到润滑系统相关的零部件。

4. 能通过查阅资料，明确汽车发动机机油警告灯亮故障的检修内容、检修流程及检修方法。

建议学时：2 学时。

学习过程

一、润滑系统的作用和工作原理

1．简述润滑系统的作用。

2．简述润滑系统的工作原理。

二、润滑系统的结构

1．查阅资料，根据图 7–1–1 所示的发动机润滑系统的结构，在表 7–1–1 中填写发动机润滑系统各组成零部件的名称。

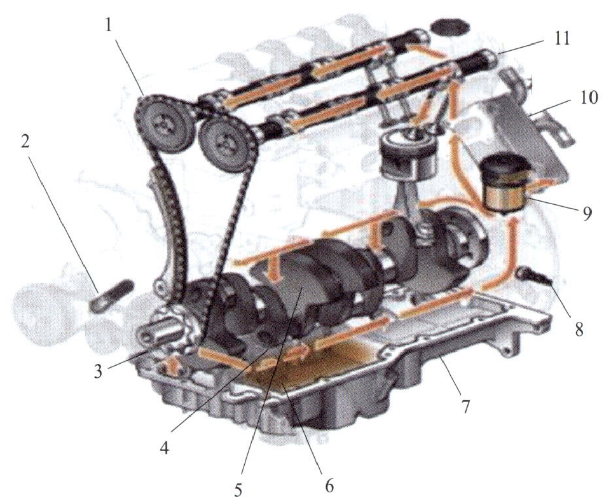

图 7–1–1　发动机润滑系统的结构

表 7–1–1　发动机润滑系统的组成零部件

零部件编号	名称	零部件编号	名称
1		7	
2		8	
3		9	
4		10	
5		11	
6			

2．简述润滑系统主要组成零部件的作用。

（1）机油泵

（2）机油滤清器

（3）机油冷却器

（4）油底壳

（5）集滤器

（6）主油道

（7）限压阀

三、润滑系统的类型

1．简述润滑系统的常见类型及其定义。

2．根据表 7–1–2 中发动机的各摩擦部位，写出各部位对应的润滑类型。

表 7–1–2　　发动机各摩擦部位及其润滑类型

序号	摩擦部位	润滑类型
1	活塞环 / 气缸	
2	活塞销 / 连杆小端轴承	
3	活塞销 / 连杆大端轴承	
4	曲轴颈 / 主轴承	
5	凸轮 / 随动件	
6	凸轮轴 / 轴承	
7	摇臂轴 / 轴承	
8	气门杆 / 气门导管	

四、认知实训车辆或实训台的发动机润滑系统

对照实训车辆或实训台的发动机润滑系统，以小组为单位绘制一张润滑系统工作原理简图，并向其他组展示和说明该系统各组成零部件的名称、作用和安装位置。

五、汽车发动机机油警告灯亮故障分析

汽车发动机机油警告灯亮可能是发动机润滑系统故障导致的。根据你对发动机润滑系统的了解，小组讨论汽车发动机机油警告灯亮时，应主要对发动机润滑系统的哪些方面进行检修，以及对应的检修流程和检修方法等，将讨论结果填写在下面的横线上并向其他组展示和说明。

____

____

____

____

____

____

____

____

六、学习过程评价

学习过程评价见表 7-1-3。

表 7-1-3　学习过程评价表

<table>
<tr><td>班级</td><td></td><td>姓名</td><td></td><td>学号</td><td></td><td>日期</td><td>年　月　日</td></tr>
<tr><td>序号</td><td colspan="5">评价要点</td><td>配分 / 分</td><td>得分</td><td>总评 / 分</td></tr>
<tr><td>1</td><td colspan="5">能正确识读和填写工作页，明确学习活动的要求</td><td>10</td><td></td><td rowspan="9">A □（86 ~ 100）
B □（76 ~ 85）
C □（60 ~ 75）
D □（60 以下）</td></tr>
<tr><td>2</td><td colspan="5">能描述润滑系统的作用、结构和类型</td><td>15</td><td></td></tr>
<tr><td>3</td><td colspan="5">能查阅资料，分析润滑系统的工作原理</td><td>15</td><td></td></tr>
<tr><td>4</td><td colspan="5">能对照实物，正确说出润滑系统各组成零部件的名称、作用和安装位置</td><td>20</td><td></td></tr>
<tr><td>5</td><td colspan="5">能查阅资料，明确汽车发动机机油警告灯亮故障的检修内容、检修流程及检修方法</td><td>10</td><td></td></tr>
<tr><td>6</td><td colspan="5">能遵守劳动纪律，以积极的态度接受工作任务</td><td>10</td><td></td></tr>
<tr><td>7</td><td colspan="5">能积极参与小组讨论，发挥团队合作精神</td><td>10</td><td></td></tr>
<tr><td>8</td><td colspan="5">能及时完成教师布置的任务</td><td>10</td><td></td></tr>
<tr><td colspan="6">总　分</td><td>100</td><td></td></tr>
<tr><td>小结建议</td><td colspan="8"></td></tr>
</table>

学习活动 2　机油及机油滤清器的检查与更换

学习目标

1. 能描述机油的作用。
2. 能正确识别机油的牌号。
3. 能描述机油滤清器的结构和作用。
4. 能分析造成机油漏油的原因，明确机油的检查与更换方法。
5. 能规范地进行机油及机油滤清器的检查与更换。

建议学时：6 学时。

学习过程

一、机油的作用

机油，即发动机润滑油，被誉为汽车的“血液”，能对发动机起到________、________、________、________、________等作用。

二、机油的牌号

1．机油的黏度多使用____等级标识，____是____________________（美国汽车工程师协会）的缩写。SAE15W-40、SAE5W-40 中，“W” 表示 winter（冬季），其前面的数字越____，说明机油的低温流动性越好，可供使用的环境温度越低，在冷启动时对发动机的保护能力越好；“-” 后面的数字表示机油耐高温的稳定性能（即变稀的可能性），该数字越____，说明机油高温时的稳定性能越好。

2．机油的分级多使用______等级标识，______是______________________（美国石油协会）的缩写。____开头系列代表汽油发动机用油；____开头系列代表柴油发动机用油。以汽油发动机为例，从 “SA” 一直到 “SM”，每递增一个字母，机油的性能越______，机油中会有更多用来保护发动机的添加剂。字母越靠后，质量等级越____。

3．欧洲机油分类采用______（欧洲汽车制造协会）标准。由于欧洲在发动机设计、车辆行驶条件及政府对节能和环境保护等政策方面与美国有显著差别，因此，这种差别也体现在对发动机机油性能的关注重点及程度方面。欧洲汽车工业十分注重节能，把汽车燃料的经济性放在首位，兼顾动力性和排放性能。

欧洲机油分类标准______2007 年版的分类有 3 个系列，具体如下。

A/B 系列：________________________；C 系列：________________________；E 系列：________________________。

其中 A/B 系列包括 A1/B1、A3/B3、A3/B4、A5/B5，C 系列包括 C1、C2、C3、C4，E 系列包括 E2、E4、E6、E7。

三、机油滤清器的结构和作用

1．在图 7-2-1 的方框中写出机油滤清器各组成零部件的名称。

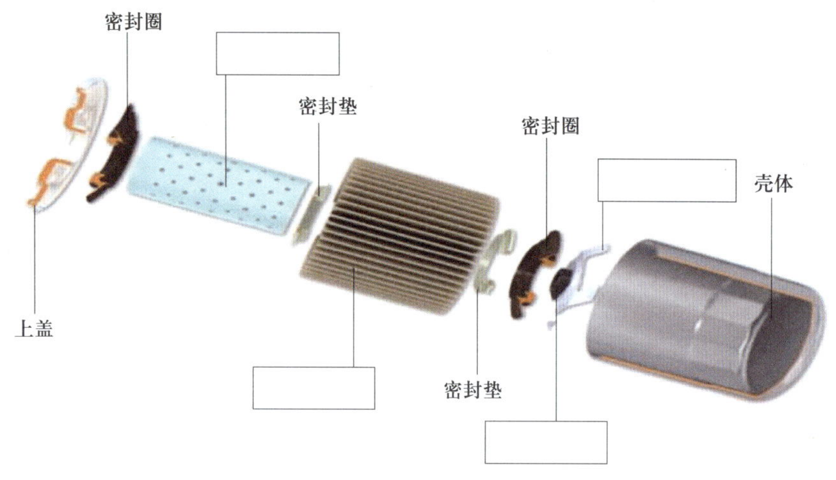

图 7-2-1　机油滤清器的结构

2．简述机油滤清器的作用。

四、制订检修方案

1．查阅资料，回答下列问题。

（1）若发动机存在机油漏油的情况，应主要对哪些部位进行检查？

（2）检查机油应进行什么操作?

2．根据具体工作内容，明确小组成员分工，填写表 7-2-1。

表 7-2-1　小组成员分工

姓名	分工

3．根据要求列出维修所需主要工具及材料清单，填写表 7-2-2。

表 7-2-2　维修所需主要工具及材料清单

序号	工具及材料名称	单位	数量	备注

4．根据小组分工情况及客户要求，制订具体的维修工序，填写表 7-2-3。

表 7-2-3　维修工序安排

序号	维修工序内容	备注

续表

序号	维修工序内容	备注

五、检查与更换机油及机油滤清器

1．检查机油量

发动机机油警告灯亮时，有可能是机油量不合适造成的，因此，应首先检查机油量是否符合要求。此外，发动机更换机油后也需要确认机油加注量是否符合要求，日常使用过程中也需要定期检查机油量。根据表 7–2–4，检查机油量。

表 7–2–4　检查机油量

序号	操作图示	作业要领	完成情况
1		在冷车状态下拔出机油尺	完　成□ 未完成□
2		用抹布将机油尺擦拭干净	完　成□ 未完成□
3		将机油尺插回发动机到底部，并再次拔出机油尺，观察机油液面是否处于上、下限刻度范围内，视情况添减机油	完　成□ 未完成□

2．检查机油的漏油情况

机油量不足有可能是相关零部件漏油引起的，因此，需对漏油情况进行检查，若无漏油情况，才能加注机油，否则，应先更换相关零部件，再加注机油。根据表 7–2–5，检查机油的漏油情况。

表 7–2–5　检查机油的漏油情况

序号	操作图示	作业要领	完成情况
1		拧下发动机机油加注口盖	完　成□ 未完成□
2		将车辆举升至高位，使维护人员能在车底站立进行维护操作	完　成□ 未完成□
3	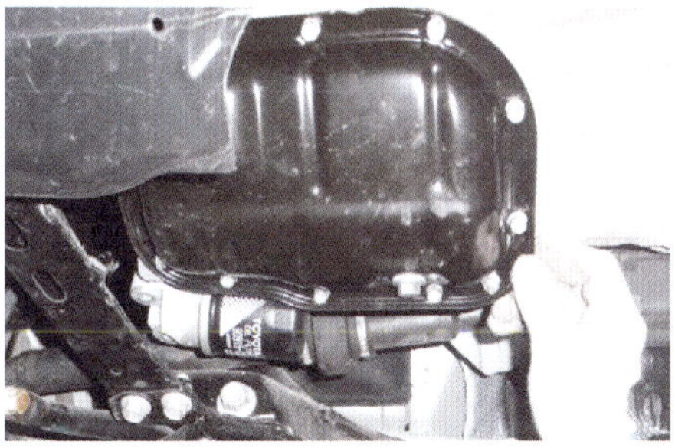	检查发动机油底壳的漏油情况	完　成□ 未完成□
4	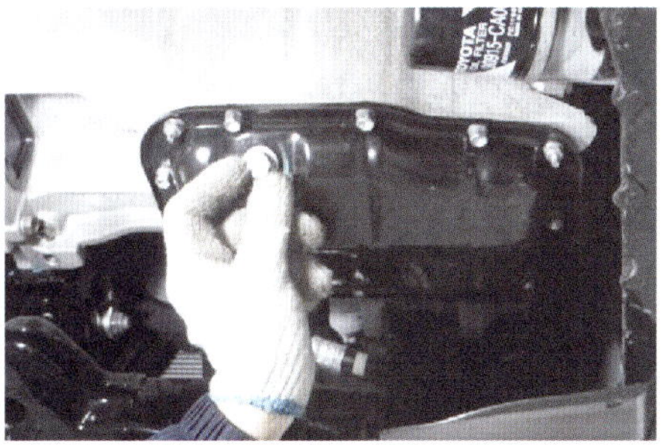	检查发动机放油塞的漏油情况	完　成□ 未完成□

续表

序号	操作图示	作业要领	完成情况
5		检查发动机与变速器连接处的漏油情况	完　成□ 未完成□
6		检查发动机机油滤清器的漏油情况	完　成□ 未完成□

3．更换机油及机油滤清器

日常维护与保养中，一般是根据汽车行驶里程和行驶时间定期更换机油。每次更换机油时，必须一并更换机油滤清器并重新检查机油量。根据表 7–2–6，更换机油，并将作业要领补充完整。

表 7–2–6　　更换机油

序号	操作图示	作业要领	完成情况
1		将机油回收车放置于发动机机油放油螺塞正下方的位置	完　成□ 未完成□

续表

序号	操作图示	作业要领	完成情况
2	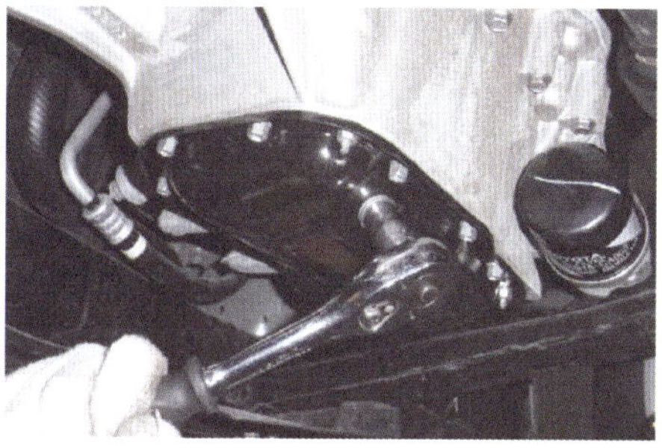	拧下机油放油螺塞	完　成□ 未完成□
3	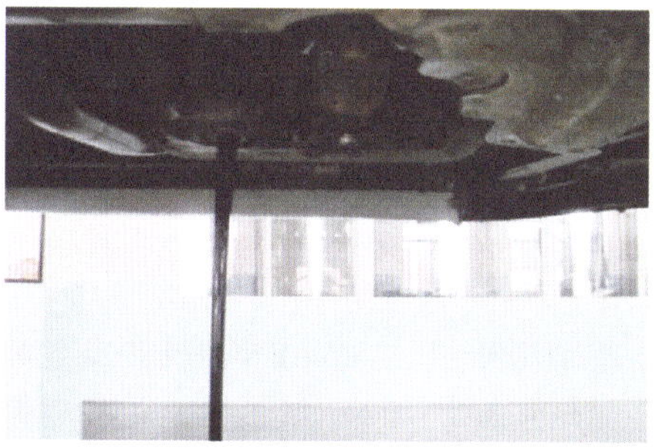	排放机油	完　成□ 未完成□
4	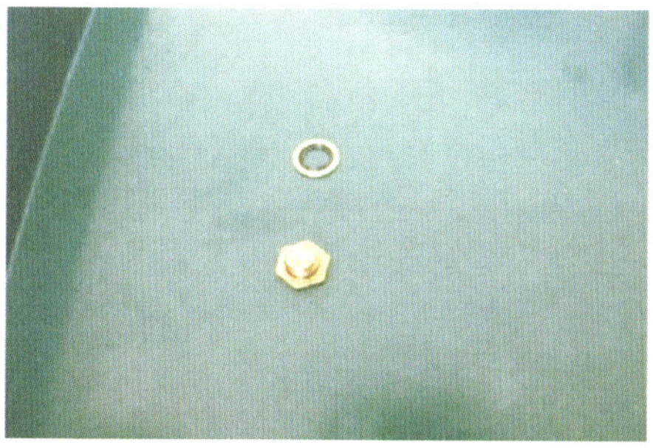	待发动机机油完全放净后，拧回放油螺塞。拧回放油螺塞时应更换新的放油螺塞垫片，放油螺塞拧紧力矩标准值为____N·m	完　成□ 未完成□
5	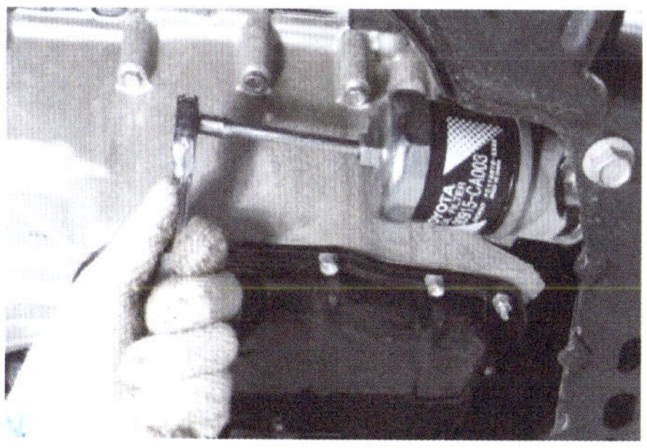	使用机油滤清器拆装专用扳手拧下机油滤清器	完　成□ 未完成□
6		给新机油滤清器的密封圈涂抹机油	完　成□ 未完成□

续表

序号	操作图示	作业要领	完成情况
7	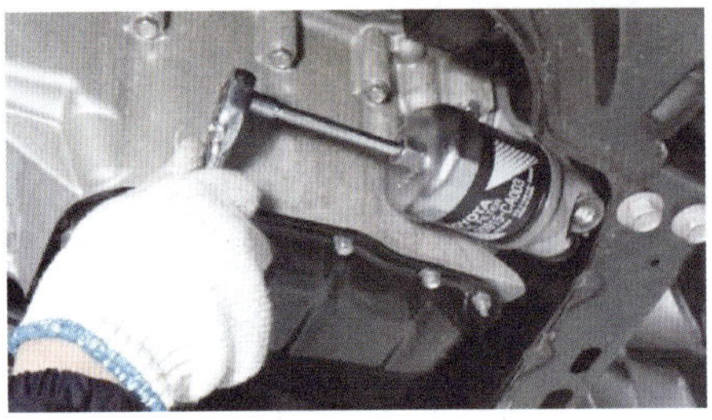	安装新的机油滤清器	完　成□ 未完成□
8	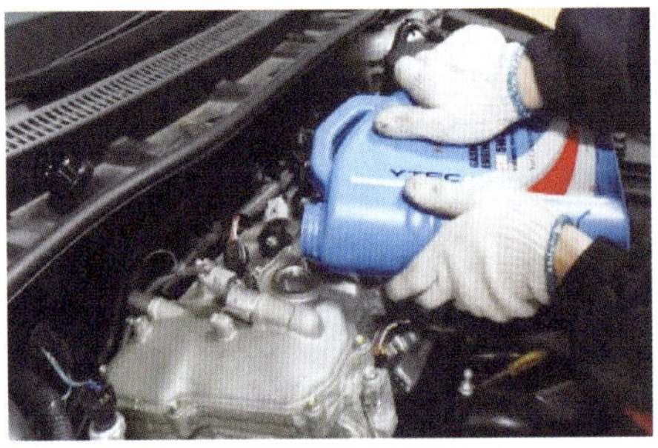	加注发动机机油。按车型规定量和机油型号加入机油____L	完　成□ 未完成□
9		拧紧发动机机油加注口盖	完　成□ 未完成□
10	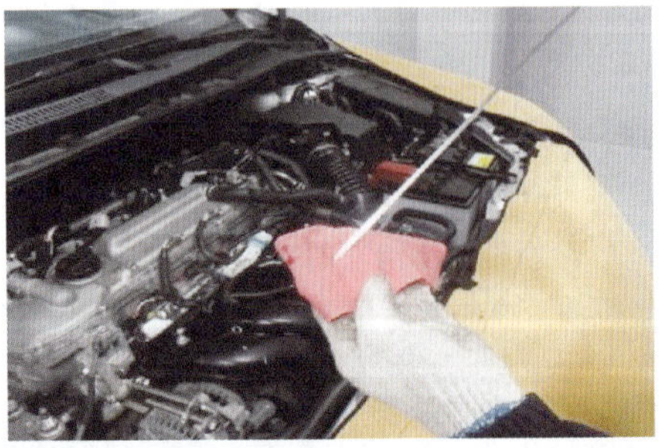	检查发动机机油量。要待加注完数分钟后，机油全部落入油底壳才能检查	完　成□ 未完成□

六、学习过程评价

学习过程评价见表 7–2–7。

表 7–2–7　学习过程评价表

班级		姓名		学号		日期	年　月　日
序号	评价要点				配分 / 分	得分	总评 / 分
1	能正确识读和填写工作页，明确学习活动的要求				10		A □（86 ~ 100） B □（76 ~ 85） C □（60 ~ 75） D □（60 以下）
2	能描述机油的作用及牌号				10		
3	能描述机油滤清器的结构和作用				10		
4	能分析造成机油漏油的原因，明确机油的检查与更换方法				10		
5	能规范地完成机油及机油滤清器的检查与更换				30		
6	能遵守劳动纪律，以积极的态度接受工作任务				10		
7	能积极参与小组讨论，发挥团队合作精神				10		
8	能及时完成教师布置的任务				10		
总　分					100		
小结 建议							

学习活动 3　机油压力的检测

学习目标

1. 能描述机油压力传感器的作用和工作原理。

2. 能描述机油压力表的组成，正确使用机油压力表。

3. 能分析造成机油压力异常的原因，明确机油压力异常的检修方法。

4. 能规范地进行机油压力的检测。

5. 能根据机油压力的检测结果，选用合适的方法排除机油压力异常故障。

建议学时：4 学时。

学习过程

一、机油压力传感器的作用和工作原理

发动机机油压力传感器又称为机油压力开关或机油压力感应塞。

图 7–3–1 所示为发动机机油压力传感器的结构。

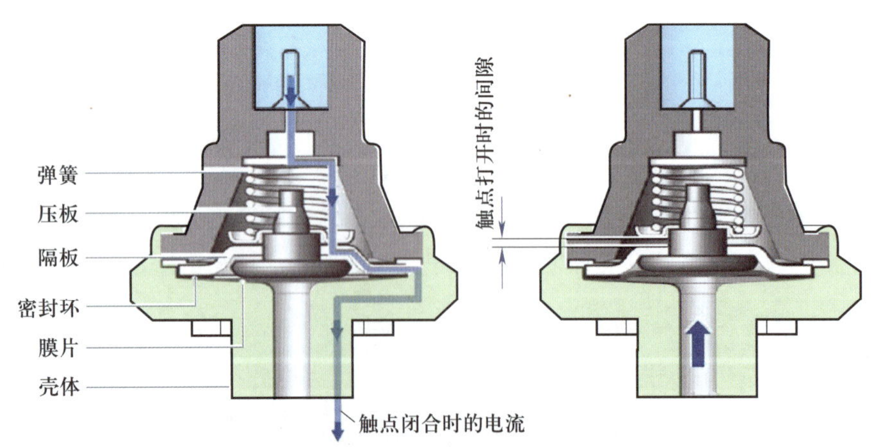

图 7–3–1　发动机机油压力传感器的结构

1．简述机油压力传感器的作用。

2．简述机油压力传感器的工作原理。

二、机油压力表的使用

1．查阅资料，根据图 7–3–2 所示机油压力表的结构，在表 7–3–1 中填写机油压力表各组成零部件的名称。

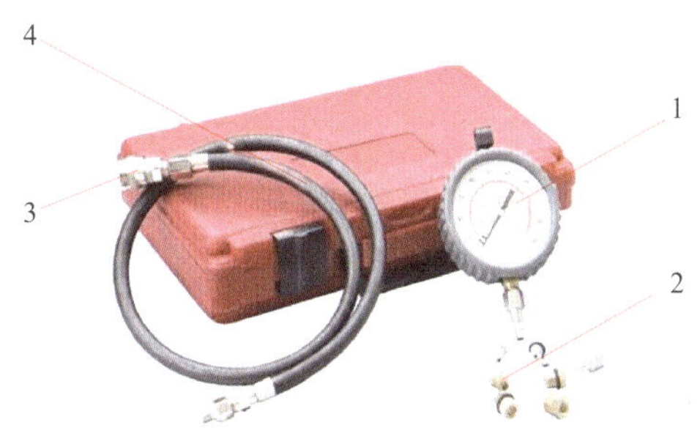

图 7–3–2　机油压力表的结构

表 7–3–1　机油压力表的组成零部件

零部件编号	名称	零部件编号	名称
1		3	
2		4	

2．使用机油压力表之前，应观察机油压力表是否完好，主要应检查________、________是否正常。

三、制订检修方案

1．查阅资料，回答下列问题。

（1）简述造成机油压力过低的原因。

（2）简述造成机油压力过高的原因。

2．根据具体工作内容，明确小组成员分工，填写表 7–3–2。

表 7–3–2　小组成员分工

姓名	分工

3．根据要求列出维修所需主要工具及材料清单，填写表 7–3–3。

表 7–3–3　维修所需主要工具及材料清单

序号	工具及材料名称	单位	数量	备注

4．根据小组分工情况及客户要求，制订具体的维修工序，填写表 7–3–4。

表 7–3–4　维修工序安排

序号	维修工序内容	备注

四、检测机油压力

1．根据表 7–3–5 进行机油压力的检测，并将作业要领补充完整。

表 7–3–5　检测机油压力

序号	操作图示	作业要领	完成情况
1		拔出机油压力传感器插头	完　成□ 未完成□
2	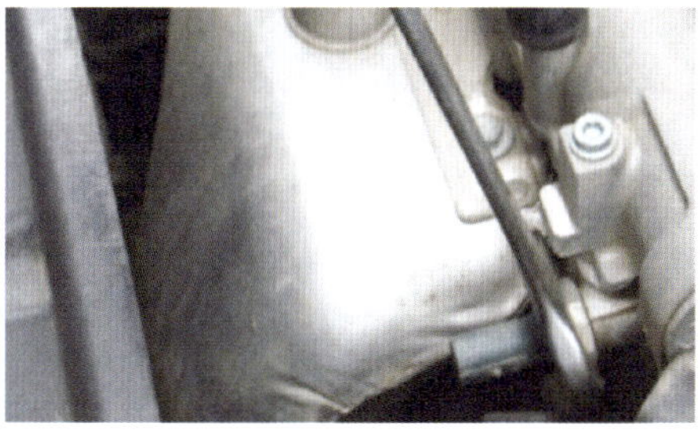	拧松并取下机油压力传感器	完　成□ 未完成□

续表

序号	操作图示	作业要领	完成情况
3	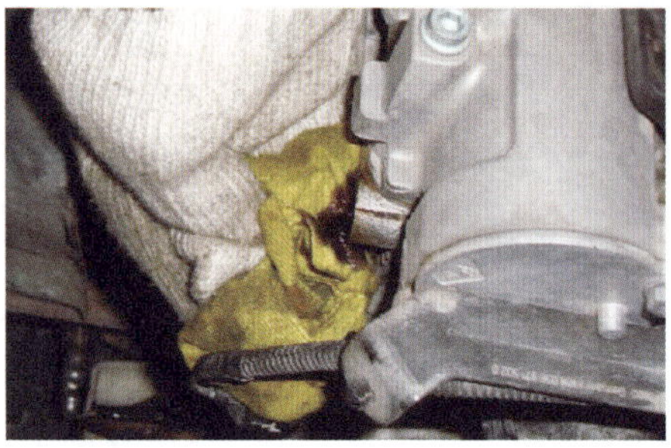	清洁机油压力传感器的安装平面	完　成□ 未完成□
4	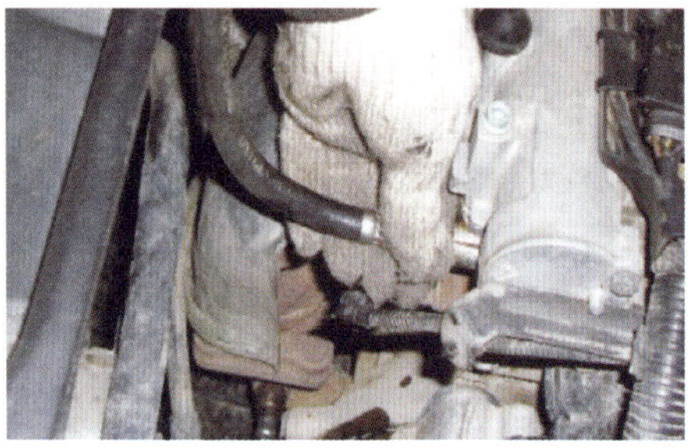	安装机油压力表	完　成□ 未完成□
5	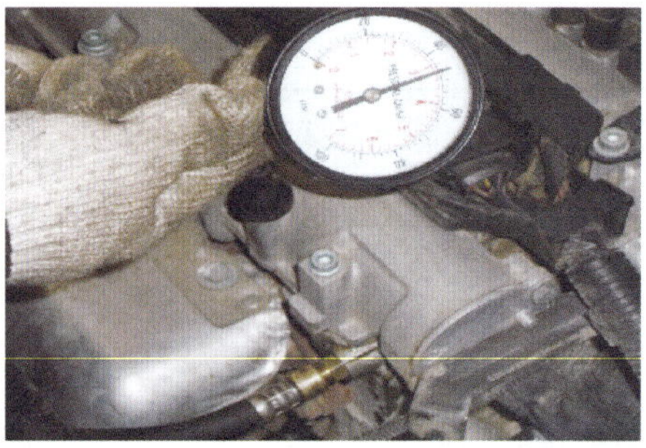	读取数值：______ 标准数值：______	完　成□ 未完成□

2．根据机油压力的检测结果，采取相应的方法进行检修，排除机油压力过高或过低故障，并记录检修过程中遇到的问题。

五、学习过程评价

学习过程评价见表 7-3-6。

表 7-3-6　学习过程评价表

<table>
<tr><td>班级</td><td></td><td>姓名</td><td></td><td>学号</td><td></td><td>日期</td><td>年　月　日</td></tr>
<tr><td>序号</td><td colspan="5">评价要点</td><td>配分 / 分</td><td>得分</td><td>总评 / 分</td></tr>
<tr><td>1</td><td colspan="5">能正确识读和填写工作页，明确学习活动的要求</td><td>10</td><td></td><td rowspan="10">A □（86 ~ 100）
B □（76 ~ 85）
C □（60 ~ 75）
D □（60 以下）</td></tr>
<tr><td>2</td><td colspan="5">能描述机油压力传感器的作用和工作原理</td><td>10</td><td></td></tr>
<tr><td>3</td><td colspan="5">能描述机油压力表的组成，正确使用机油压力表</td><td>10</td><td></td></tr>
<tr><td>4</td><td colspan="5">能分析造成机油压力异常的原因，明确机油压力异常的检修方法</td><td>10</td><td></td></tr>
<tr><td>5</td><td colspan="5">能规范地完成机油压力的检测</td><td>10</td><td></td></tr>
<tr><td>6</td><td colspan="5">能根据机油压力的检测结果，选用合适的方法排除机油压力异常故障</td><td>20</td><td></td></tr>
<tr><td>7</td><td colspan="5">能遵守劳动纪律，以积极的态度接受工作任务</td><td>10</td><td></td></tr>
<tr><td>8</td><td colspan="5">能积极参与小组讨论，发挥团队合作精神</td><td>10</td><td></td></tr>
<tr><td>9</td><td colspan="5">能及时完成教师布置的任务</td><td>10</td><td></td></tr>
<tr><td colspan="6">总　分</td><td>100</td><td></td></tr>
<tr><td>小结建议</td><td colspan="8"></td></tr>
</table>

学习活动 4　机油泵的检查与更换

学习目标

1. 能描述机油泵的类型及特点。
2. 能描述不同类型机油泵的结构和工作原理。
3. 能分析机油泵损坏对发动机的影响，明确机油泵故障的检修内容和检修方法。
4. 能规范地进行机油泵总成的拆装。
5. 能规范地进行机油泵的检测。

建议学时：6 学时。

学习过程

一、机油泵的类型及特点

根据表 7–4–1 中的图示，写出不同类型机油泵的名称和特点。

表 7–4–1　　不同类型的机油泵及其特点

序号	图示	机油泵名称	特点
1			

续表

序号	图示	机油泵名称	特点
2	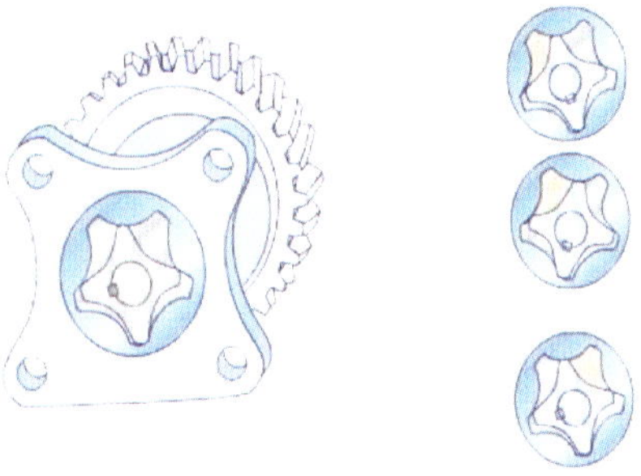		
3	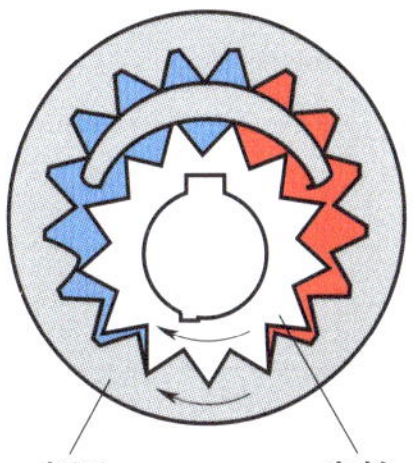 齿圈 齿轮		
4	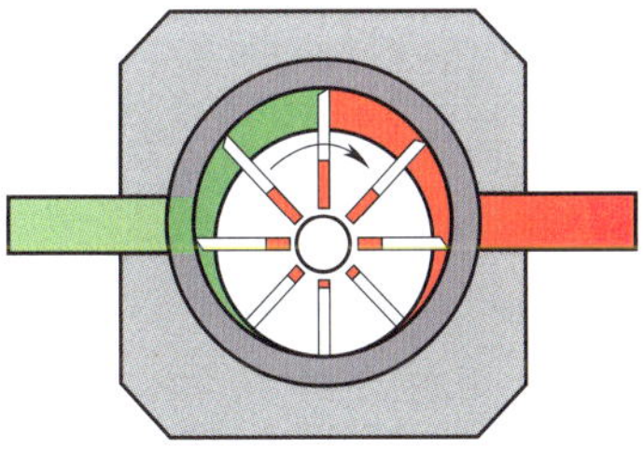		

二、机油泵的结构和工作原理

1．转子式机油泵

（1）查阅资料，根据图 7–4–1 所示转子式机油泵的结构，在表 7–4–2 中将转子式机油泵各组成零部件的名称补充完整。

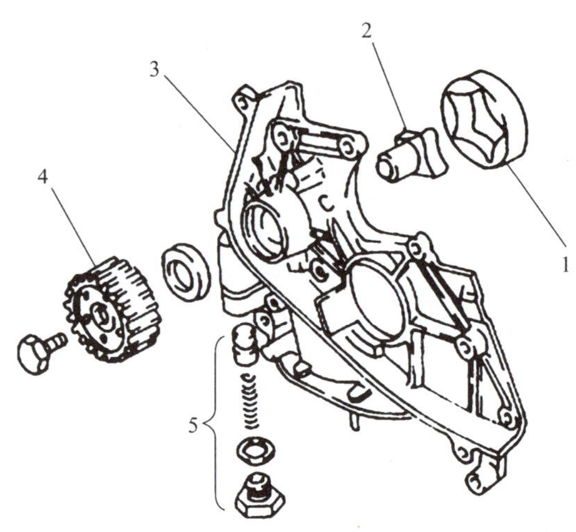

图 7-4-1　转子式机油泵的结构

表 7-4-2　转子式机油泵的组成零部件

零部件编号	名称	零部件编号	名称
1		4	
2		5	
3			

（2）简述转子式机油泵的工作原理。

2．叶片式机油泵

（1）查阅资料，根据图 7-4-2 所示叶片式机油泵的结构，在表 7-4-3 中将叶片式机油泵各组成零部件的名称补充完整。

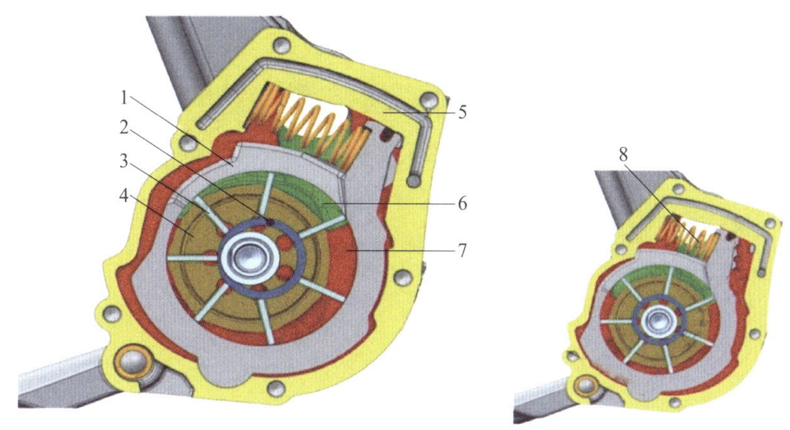

图 7-4-2　叶片式机油泵的结构

表 7-4-3　叶片式机油泵的组成零部件

零部件编号	名称	零部件编号	名称
1		5	壳体
2		6	
3		7	
4		8	调节弹簧

（2）简述叶片式机油泵的工作原理。

3．外啮合齿轮式机油泵

（1）查阅资料，根据图 7–4–3 所示外啮合齿轮式机油泵的结构，在表 7–4–4 中将外啮合齿轮式机油泵各组成零部件的名称补充完整。

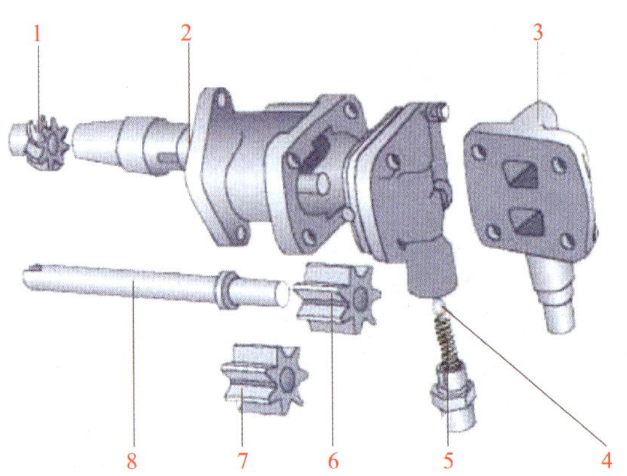

图 7–4–3　外啮合齿轮式机油泵的结构

表 7–4–4　外啮合齿轮式机油泵的组成零部件

零部件编号	名称	零部件编号	名称
1	驱动齿轮	5	限压阀弹簧
2	泵体	6	主动齿轮
3	泵盖	7	
4		8	

（2）简述外啮合齿轮式机油泵的工作原理。

4．内啮合齿轮式机油泵

（1）查阅资料，根据图 7-4-4 所示内啮合齿轮式机油泵的结构，在表 7-4-5 中将内啮合齿轮式机油泵各组成零部件的名称补充完整。

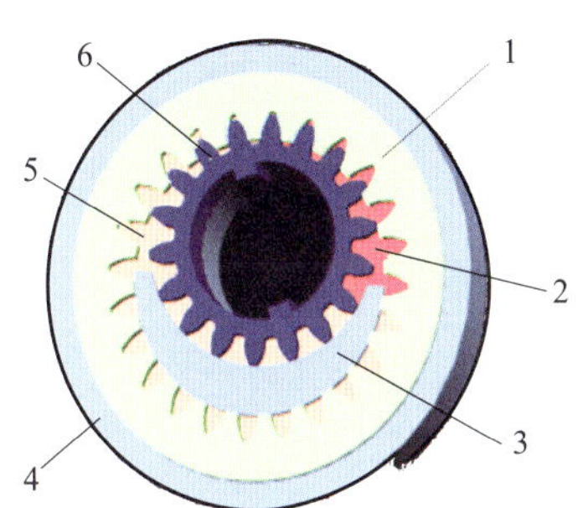

图 7-4-4　内啮合齿轮式机油泵的结构

表 7-4-5　内啮合齿轮式机油泵的组成零部件

零部件编号	名称	零部件编号	名称
1		4	
2	出油腔	5	进油腔
3		6	

（2）简述内啮合齿轮式机油泵的工作原理。

三、制订检修方案

1．查阅资料，回答下列问题。

（1）简述机油泵损坏对发动机的影响。

（2）若机油泵损坏，应主要对其哪些零部件进行检查？采用什么检修方法？

2．根据具体工作内容，明确小组成员分工，填写表 7–4–6。

表 7–4–6　小组成员分工

姓名	分工

3．根据要求列出维修所需主要工具及材料清单，填写表 7–4–7。

表 7–4–7　维修所需主要工具及材料清单

序号	工具及材料名称	单位	数量	备注

4．根据小组分工情况及客户要求，制订具体的维修工序，填写表 7–4–8。

表 7–4–8　维修工序安排

序号	维修工序内容	备注

四、拆卸机油泵总成

对机油泵进行检查时，需要先将其拆下。根据图 7–4–5 写出拆卸机油泵总成对应的操作步骤。

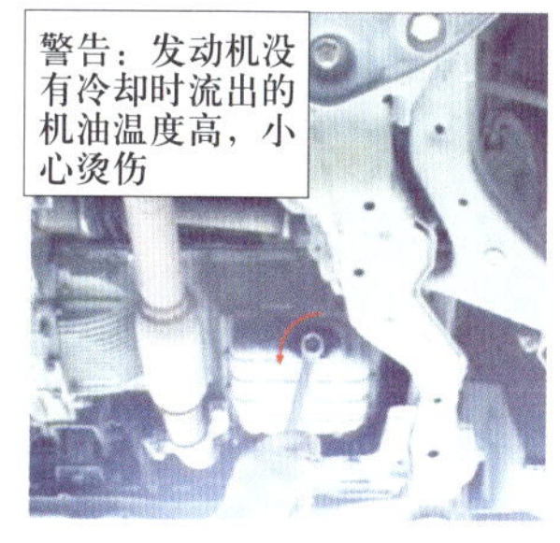

____

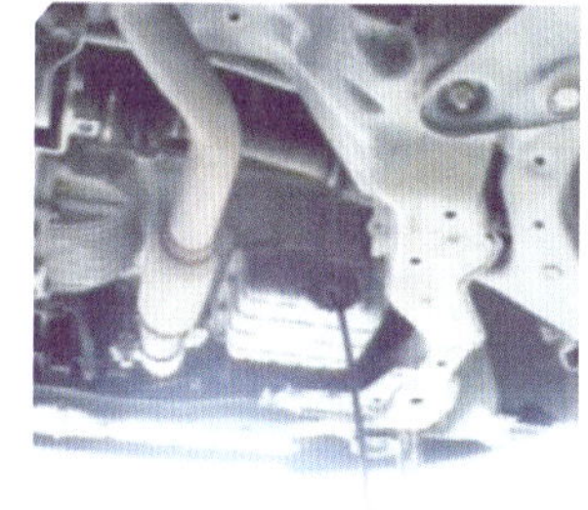

____

____

____

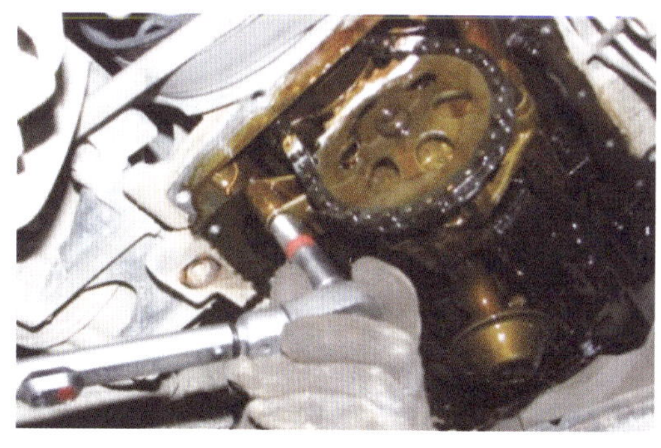

____

图 7–4–5　机油泵总成的拆卸步骤

五、检查与更换机油泵

根据表 7-4-9 检查机油泵，并将作业要领补充完整（注：以丰田 2ZR-FE 发动机为例）。

表 7-4-9　　检查机油泵

序号	操作图示	作业要领	完成情况
1	1 2 3 1—机油泵减压阀柱塞　2—机油泵减压阀弹簧 3—机油泵减压阀	拆卸机油泵减压阀 （1）使用____ mm 套筒扳手拆下机油泵减压阀柱塞 （2）拆下机油泵减压阀弹簧和机油泵减压阀	完　成□ 未完成□
2		拆卸机油泵盖分总成 （1）拆下 5 个螺栓和机油泵盖分总成 （2）从机油泵体上拆下机油泵主动转子（内转子）和机油泵从动转子（外转子）	完　成□ 未完成□
3		检查机油泵减压阀 判断机油泵减压阀是否正常的方法：____________________ ____________________ ____________________ ____________________ ____________________	完　成□ 未完成□
4		检查机油泵转子顶部间隙 使用塞尺测量机油泵主动转子和机油泵从动转子的顶部间隙 标准顶部间隙：____ ~ ____mm 最大顶部间隙：____mm 实际测量顶部间隙：____ mm 如果顶部间隙大于最大值，则更换机油泵总成 检查结果判断： 更换□　维修□	完　成□ 未完成□

续表

序号	操作图示	作业要领	完成情况
5		检查机油泵转子侧隙 使用塞尺、精密直尺测量机油泵主动转子和机油泵从动转子的侧隙（转子侧面与精密直尺之间的间隙） 标准侧隙：____ ~ ____mm 最大侧隙：____mm 实际测量侧隙：____mm 如果侧隙大于最大值，则更换机油泵总成 检查结果判断： 更换□　维修□	完　成□ 未完成□
6		检查机油泵从动转子和机油泵体之间的间隙 使用塞尺进行测量 标准间隙：____ ~ ____mm 最大间隙：____ mm 实际测量间隙：____mm 如果机油泵从动转子和机油泵体之间的间隙大于最大值，则更换机油泵总成 检查结果判断： 更换□　维修□	完　成□ 未完成□
7	标记	安装机油泵盖分总成 （1）在机油泵主动转子和机油泵从动转子上涂抹发动机机油，并将其置于机油泵上，将标记朝向机油泵盖分总成侧 （2）用5个螺栓安装机油泵盖分总成 扭矩：____N · m	完　成□ 未完成□

续表

序号	操作图示	作业要领	完成情况
8	1—机油泵减压阀柱塞　2—机油泵减压阀弹簧 3—机油泵减压阀	安装机油泵减压阀 （1）在机油泵减压阀上涂抹发动机机油 （2）将机油泵减压阀和机油泵减压阀弹簧插入机油泵体孔 （3）使用____mm 套筒扳手安装机油泵减压阀柱塞 扭矩：____N·m	完　成□ 未完成□

六、学习过程评价

学习过程评价见表 7-4-10。

表 7-4-10　　学习过程评价表

班级		姓名		学号		日期	年　月　日
序号	评价要点				配分 / 分	得分	总评 / 分
1	能正确识读和填写工作页，明确学习活动的要求				10		A□（86 ~ 100） B□（76 ~ 85） C□（60 ~ 75） D□（60 以下）
2	能描述机油泵的类型及特点				15		
3	能描述不同类型机油泵的结构和工作原理				10		
4	能查阅资料，分析机油泵损坏对发动机的影响，明确机油泵故障的检修内容和检修方法				10		
5	能规范地完成机油泵总成的拆装				10		
6	能规范地完成机油泵的检测				15		
7	能遵守劳动纪律，以积极的态度接受工作任务				10		
8	能积极参与小组讨论，发挥团队合作精神				10		
9	能及时完成教师布置的任务				10		
总　分					100		
小结建议							

学习活动 5　工作总结与评价

学习目标

1. 能以小组形式对学习过程和成果进行汇报总结。
2. 能完成对学习过程的综合评价。

建议学时：2 学时。

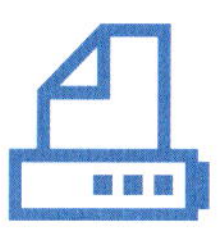

学习过程

一、工作总结

在世界技能大赛中，要求选手具有一定的组织规划、沟通、创新等能力，这在实际的生产工作中是十分必要的。以小组为单位，选择演示文稿、展板、海报、视频等形式中的一种或几种，向全班展示、汇报学习成果。

二、综合评价

针对本任务的学习情况，根据表 7–5–1 所列综合评价标准进行评分。

表 7–5–1　　综合评价标准

评价项目	评价内容及标准	配分 / 分	评分		
			自我评价	小组评价	教师评价
组织和管理	团队合作，合理计划，高效管理时间	3			
	及时检查工作进展和效果	3			
	保证高质量完成工作	4			
沟通能力	深度咨询客户，完全理解其要求	10			
	提供明确说明，准确回答客户疑问	10			
计划创新能力	及时处理工作中遇到的问题	10			
	提出创新性、可行性建议，提高客户满意度	10			

续表

评价项目	评价内容及标准	配分 / 分	评分		
			自我评价	小组评价	教师评价
专业知识	具备汽车润滑系统各零部件的组成、作用、分类、原理等理论知识	10			
	具备汽车发动机机油警告灯亮故障检修知识	10			
实践能力	具备汽车发动机机油的检查与更换技能	10			
	具备汽车发动机机油压力的检测技能	10			
	具备汽车发动机机油泵的检查与更换技能	10			
学生姓名		综合评价得分			
指导教师		日期			

三、学习任务七整体评价

学习任务七整体评价见表 7-5-2。

表 7-5-2　学习任务七整体评价表

项目	自我评价			小组评价			教师评价		
	10 ~ 9 分	8 ~ 6 分	5 ~ 1 分	10 ~ 9 分	8 ~ 6 分	5 ~ 1 分	10 ~ 9 分	8 ~ 6 分	5 ~ 1 分
	占总评 10%			占总评 30%			占总评 60%		
学习活动 1									
学习活动 2									
学习活动 3									
学习活动 4									
学习活动 5									
协作精神									
纪律观念									
表达与分析能力									
工作态度									
任务总体表现									
小计 / 分									
总评 / 分									

世赛知识

世界技能大赛汽车技术项目发动机测试与测量部分主要考核内容

序号	项目	评分点	说明
1	工作准备和安全	测量前对千分尺进行调零	
		曲轴转动自如	转动至少 2 圈
		拆卸和检查气门锁片时戴护目镜	
		工具、量具使用正确，无掉落	
		测量前清洁工具、量具和被测量零部件表面	
2	气缸盖	拆卸气缸盖	至少分两次拧松螺栓，顺序正确
		测量气缸盖平面度	按照维修手册要求，参考实测标准
3	凸轮轴	测量进气凸轮轴轴径 1	参考实测标准，公差 ±0.01 mm，判断正确
		测量排气凸轮轴轴径 2	参考实测标准，公差 ±0.01 mm，判断正确
4	气门	测量 1 缸进气门 2 气门杆直径	参考实测标准，公差 ±0.01 mm，判断正确
		测量 4 缸进气门 1 气门杆直径	参考实测标准，公差 ±0.01 mm，判断正确
		安装进气门	安装正确
		安装排气门	安装正确
5	气缸	检查、组装量缸表	
		测量气缸 1 直径	参考实测标准，公差 ±0.02 mm，判断正确
		计算气缸 1 圆度	计算正确，判断正确（若直径超差，本项不得分）
6	活塞	测量活塞 1 裙部直径	参考实测标准，公差 ±0.01 mm
		测量活塞 1 第一道气环端隙	参考实测标准，公差 ±0.03 mm
		测量活塞 1 第二道气环侧隙	参考实测标准，公差 ±0.02 mm
7	连杆轴颈	测量 1 缸连杆轴颈直径	参考实测标准，公差 ±0.01 mm
		计算连杆轴颈圆度	计算正确，判断正确（若直径超差，本项不得分）
8	重新组装	安装 1 缸活塞	活塞方向正确，活塞环上下和开口方向正确
		安装气缸盖	至少分两次拧紧，顺序、扭矩、转角正确
		恢复、清洁场地	将工具放回原位，场地整洁

学习任务八　汽车发动机故障警告灯亮故障检修

学习目标

1. 能描述电控系统的作用、组成和工作过程，明确汽车发动机故障警告灯亮故障的检修内容、检修流程及检修方法。

2. 能正确使用汽车故障诊断仪读取故障码和清除故障码。

3. 能描述电控系统常用传感器的作用、类型及组成，正确判断传感器故障，并能进行传感器的检查与更换。

4. 能描述电控系统常用执行器的分类、作用及组成，正确判断执行器故障，并能进行执行器的检查与更换。

5. 能描述电控单元的结构和工作过程，正确判断电控单元故障，并能进行电控单元的检查与更换。

6. 能对维修场地的相关设备进行日常维护与保养，按 6S 管理规定清理现场。

7. 能对相关资料、互联网资源进行检索，完成维修工单、工作页的填写。

8. 能展示工作成果，进行任务评价，总结工作经验，优化检修方案。

9. 能在作业过程中严格执行企业操作规范、安全生产制度、环保管理制度，严格遵守从业人员的职业道德，具有吃苦耐劳、爱岗敬业的工作态度和职业责任感。

建议学时

20 学时。

工作情境描述

一辆丰田卡罗拉轿车在行驶过程中，发动机的故障警告灯总是点亮，拆下蓄电池负极接线，隔两分钟后再将其连接好，故障警告灯熄灭，可是第二天故障警告灯又亮了，车主将该车辆送入维修站维修，经维修技师检查，初步判断为电控系统故障。汽车维修人员需要根据维修手册的相关要求，在规定时间内完成电控系统的检查与零部件的更换，完成后交付验收。

工作流程与活动

1．电控系统的认知（2学时）

2．传感器的检查与更换（6学时）

3．执行器的检查与更换（6学时）

4．电控单元的检查与更换（4学时）

5．工作总结与评价（2学时）

思维导图

- 学习任务八　汽车发动机故障警告灯亮故障检修
  - 学习活动1　电控系统的认知
    - 电控系统的作用
    - 电控系统的组成
      - 传感器
      - 执行器
      - 电控单元
    - 电控系统的工作过程
    - 认知实训车辆或实训台的发动机电控系统
    - 汽车发动机故障警告灯亮故障分析
  - 学习活动2　传感器的检查与更换
    - 传感器的作用、类型及组成
    - 汽车故障诊断仪的组成及使用
      - 汽车故障诊断仪的组成
      - 用汽车故障诊断仪读取故障码
      - 用汽车故障诊断仪清除故障码
    - 制订检修方案
    - 检查和更换常用传感器
      - 进气温度传感器
      - 冷却液温度传感器
      - 空气流量传感器
      - 进气歧管压力传感器
      - 凸轮轴位置传感器
      - 曲轴位置传感器
      - 节气门位置传感器
      - 加速踏板位置传感器
      - 氧传感器
  - 学习活动3　执行器的检查与更换
    - 执行器的分类、作用及组成
    - 制订检修方案
    - 检查与更换常用执行器
      - 炭罐电磁阀
      - 喷油器
      - 点火控制器
      - 燃油泵
  - 学习活动4　电控单元的检查与更换
    - 电控单元的结构和工作过程
    - 制订检修方案
    - 检查与更换电控单元
  - 学习活动5　工作总结与评价
    - 工作总结
    - 综合评价
    - 学习任务八整体评价

学习活动 1　电控系统的认知

学习目标

1. 能描述电控系统的作用、组成和工作过程。

2. 能在发动机台架上正确找到电控系统相关的零部件。

3. 能通过查阅资料，明确汽车发动机故障警告灯亮故障的检修内容、检修流程及检修方法。

建议学时：2 学时。

学习过程

一、电控系统的作用

简述电控系统的作用。

二、电控系统的组成

1．传感器

（1）简述传感器的作用。

（2）简述传感器的分类。

1）按能量关系分类

2）按信号转换方式分类

3）按输入量分类

4）按工作原理分类

5）按输出信号分类

（3）识别传感器的组成零部件。

查阅资料，根据图 8-1-1 所示的燃油喷射电子控制系统的组成（传感器部分），在表 8-1-1 中填写传感器各组成零部件的名称。

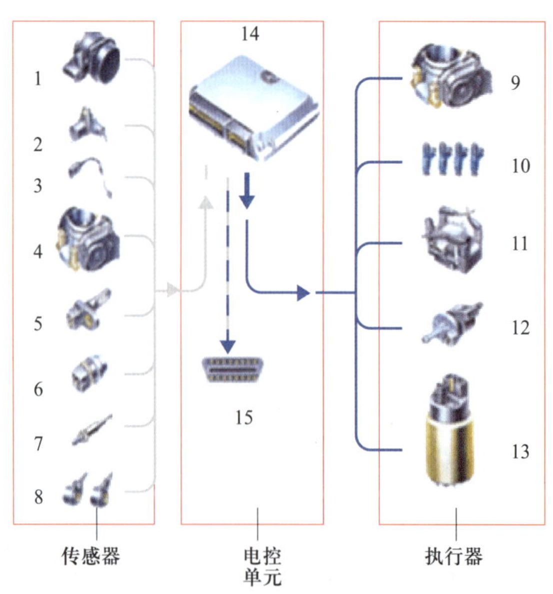

图 8-1-1　燃油喷射电子控制系统的组成

表 8-1-1　传感器的组成零部件

零部件编号	名称	零部件编号	名称
1		5	
2		6	
3		7	
4		8	

2．执行器

（1）简述执行器的作用。

（2）简述执行器的分类。

1）按驱动能源分类

2）按输出位移形式分类

3）按动作规律分类

4）按输入控制信号分类

（3）识别执行器的组成零部件。

查阅资料，根据图 8–1–1 所示的燃油喷射电子控制系统的组成（执行器部分），在表 8–1–2 中填写执行器各组成零部件的名称。

表 8–1–2　执行器的组成零部件

零部件编号	名称	零部件编号	名称
9		12	
10		13	
11			

3．电控单元

（1）简述电控单元的作用。

（2）识别电控单元的组成零部件。

查阅资料，根据图 8–1–1 所示的燃油喷射电子控制系统的组成（电控单元部分），在表 8–1–3 中填写电控单元各组成零部件的名称。

表 8–1–3　电控单元的组成零部件

零部件编号	名称
14	
15	

三、电控系统的工作过程

在图 8–1–2 中将电控系统的工作过程补充完整。

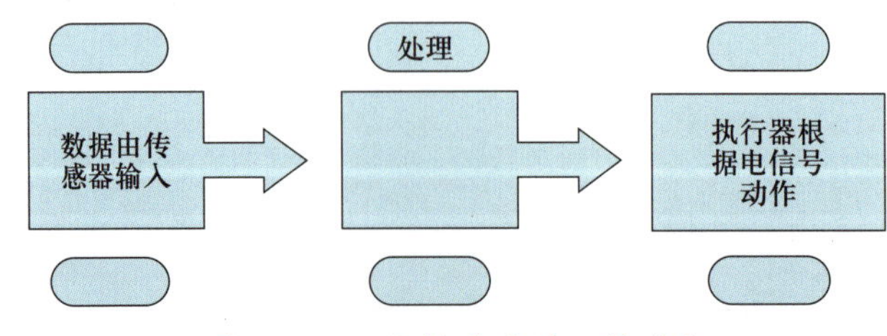

图 8–1–2　电控系统的工作过程

四、认知实训车辆或实训台的发动机电控系统

对照实训车辆或实训台的发动机电控系统，以小组为单位绘制一张电控系统的工作原理简图，并向其他组展示和说明该系统各组成零部件的名称、作用和安装位置。

五、汽车发动机故障警告灯亮故障分析

汽车发动机故障警告灯亮可能是由于发动机电控系统故障导致的。根据你对发动机电控系统的了解，小组讨论汽车发动机故障警告灯亮时，应主要对发动机电控系统的哪些方面进行检修，以及对应的检修流程和检修方法等，将讨论结果填写在下面的横线上并向其他组展示和说明。

____

____

____

____

____

____

____

六、学习过程评价

学习过程评价见表 8-1-4。

表 8-1-4　　学习过程评价表

<table>
<tr><td>班级</td><td colspan="2"></td><td>姓名</td><td></td><td>学号</td><td></td><td>日期</td><td>年　月　日</td></tr>
<tr><td>序号</td><td colspan="6">评价要点</td><td>配分 / 分</td><td>得分</td><td>总评 / 分</td></tr>
<tr><td>1</td><td colspan="6">能正确识读和填写工作页，明确学习活动的要求</td><td>10</td><td></td><td rowspan="9">A □（86 ~ 100）
B □（76 ~ 85）
C □（60 ~ 75）
D □（60 以下）</td></tr>
<tr><td>2</td><td colspan="6">能描述电控系统的作用和组成</td><td>20</td><td></td></tr>
<tr><td>3</td><td colspan="6">能查阅资料，分析电控系统的工作过程</td><td>20</td><td></td></tr>
<tr><td>4</td><td colspan="6">能对照实物，正确说出电控系统各组成零部件的名称、作用和安装位置</td><td>10</td><td></td></tr>
<tr><td>5</td><td colspan="6">能查阅资料，明确汽车发动机故障警告灯亮故障的检修内容、检修流程及检修方法</td><td>10</td><td></td></tr>
<tr><td>6</td><td colspan="6">能遵守劳动纪律，以积极的态度接受工作任务</td><td>10</td><td></td></tr>
<tr><td>7</td><td colspan="6">能积极参与小组讨论，发挥团队合作精神</td><td>10</td><td></td></tr>
<tr><td>8</td><td colspan="6">能及时完成教师布置的任务</td><td>10</td><td></td></tr>
<tr><td colspan="7">总　分</td><td>100</td><td></td></tr>
<tr><td>小结建议</td><td colspan="9"></td></tr>
</table>

学习活动 2　传感器的检查与更换

学习目标

1. 能描述电控系统常用传感器的作用、类型及组成。

2. 能描述汽车故障诊断仪的组成，正确使用汽车故障诊断仪。

3. 能正确判断传感器故障，明确传感器故障的检修内容和检修方法。

4. 能规范地完成电控系统常用传感器的检查，并根据检查结果给出维修建议。

建议学时：6 学时。

学习过程

一、传感器的作用、类型及组成

传感器是监控发动机运转情况，使发动机尾气排放和燃油消耗符合标准、动力和平稳性得以保证的重要部件。

1．查阅资料，根据表 8–2–1 中传感器的名称，写出其作用和类型。

表 8–2–1　电控系统常用传感器的名称、作用及类型

序号	传感器名称	作用	类型
1	进气温度传感器		
2	冷却液温度传感器		

续表

序号	传感器名称	作用	类型
3	空气流量传感器		
4	进气歧管压力传感器		
5	凸轮轴位置传感器		
6	曲轴位置传感器		
7	节气门位置传感器		
8	加速踏板位置传感器		
9	氧传感器		

2．查阅资料，根据表 8-2-2 中各传感器的结构图，认识传感器各组成部分。

表 8-2-2 电控系统常用传感器的结构组成

序号	传感器名称	结构图	各组成部分的名称
1	进气温度传感器	2 1 3	1．热敏电阻 2．塑料外壳 3．插头

续表

序号	传感器名称	结构图	各组成部分的名称
2	冷却液温度传感器	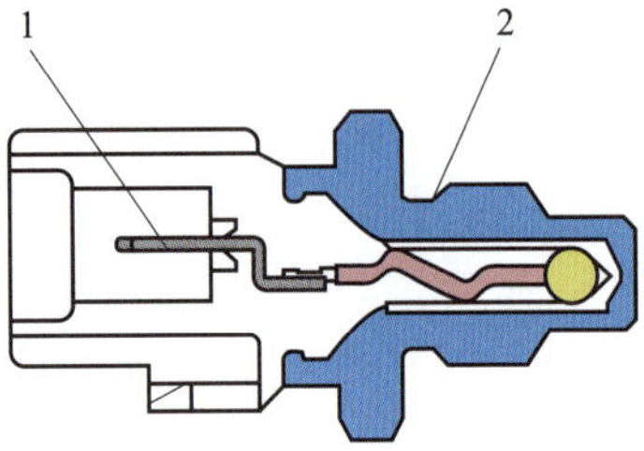 1 2	1. 连接器 2. 壳体
3	空气流量传感器	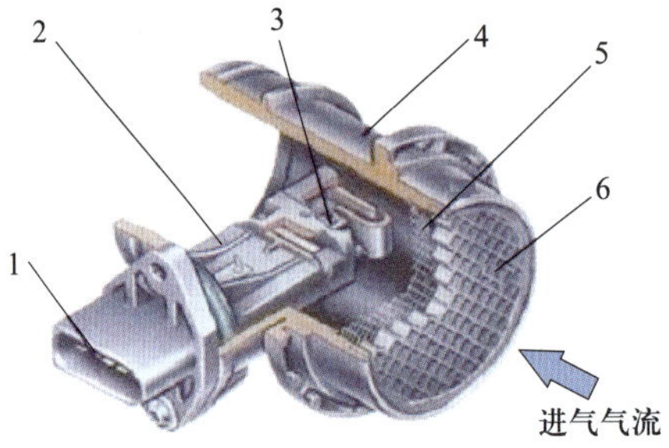 1 2 3 4 5 6 进气气流	1. 连接器 2. 混合电路盒 3. 热膜 4. 外壳 5. 滤网 6. 导流格栅
4	进气歧管压力传感器	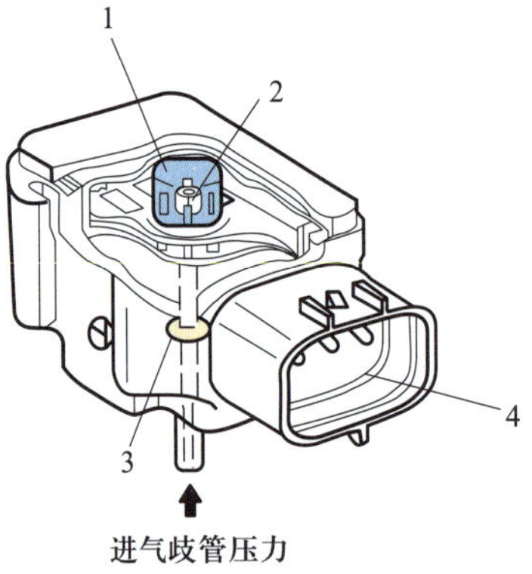 1 2 3 4 进气歧管压力	1. 真空室 2. 硅芯片 3. 滤清器 4. 连接器
5	凸轮轴位置传感器	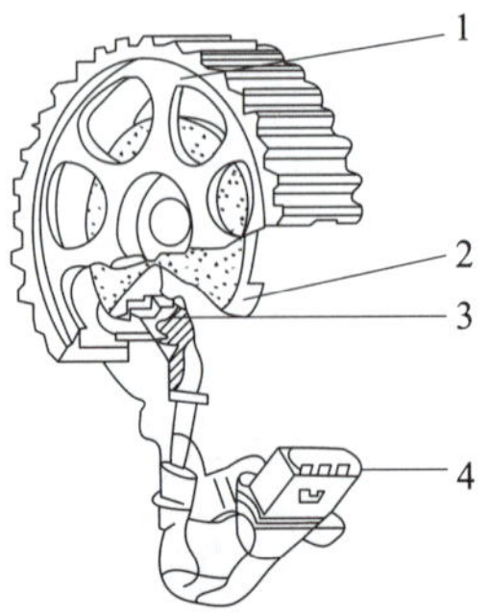 1 2 3 4	1. 信号盘 2. 信号齿 3. 传感器 4. 连接器

续表

序号	传感器名称	结构图	各组成部分的名称
6	曲轴位置传感器	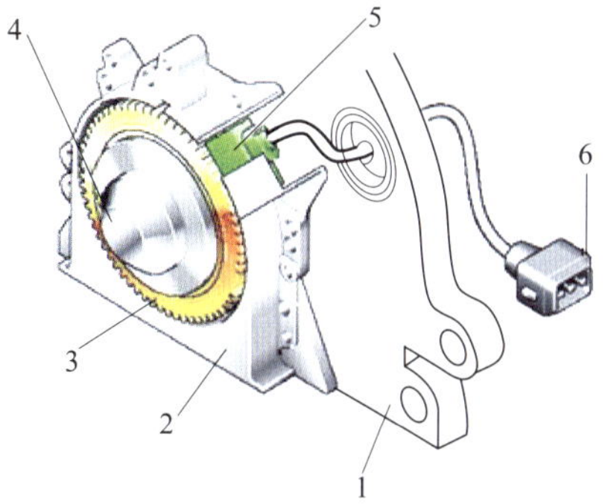	1. 气缸体 2. 前端盖 3. 信号盘 4. 曲轴 5. 传感器 6. 连接器
7	节气门位置传感器	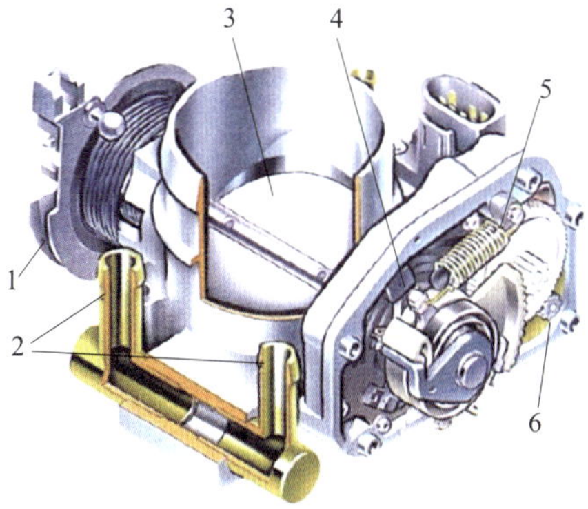	1. 拉索器 2. 加热水道 3. 节气门翻板 4. 电阻器 5. 回位弹簧 6. 限位器
8	加速踏板位置传感器	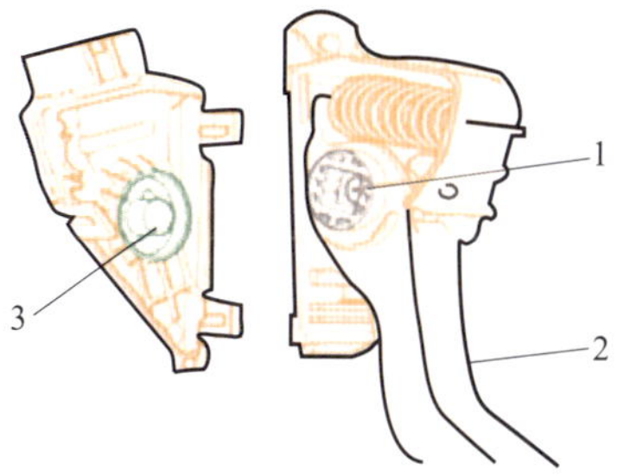	1. 磁体 2. 踏板 3. 霍尔元件
9	氧传感器	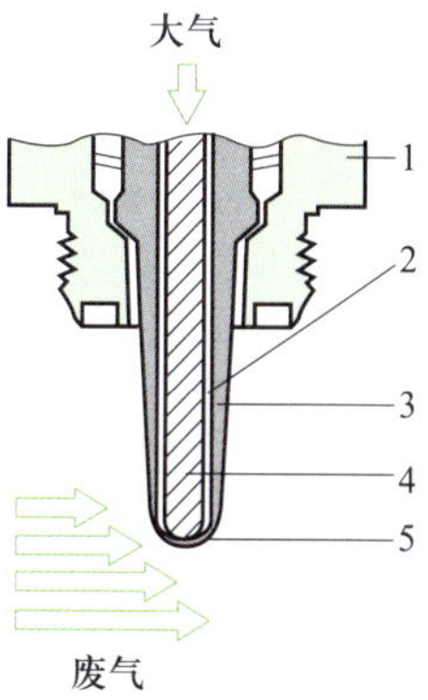 大气 废气	1. 壳体 2. 氧化铅 3. 铂电极 4. 加热器 5. 传感器护管

二、汽车故障诊断仪的组成及使用

汽车故障诊断仪是针对汽车故障进行检测和诊断的专业仪器，能实时检测和诊断车辆故障。

1．汽车故障诊断仪的组成

根据表 8–2–3，熟悉金德 KT660 汽车故障诊断仪的组成。

表 8–2–3　金德 KT660 汽车故障诊断仪标准部件

序号	组成零部件	名称
1		主机 KT660
2		电源延长线
3		测试延长线
4		2 m 网线
5		供电线

续表

序号	组成零部件	名称
6		多功能接头跳线
7	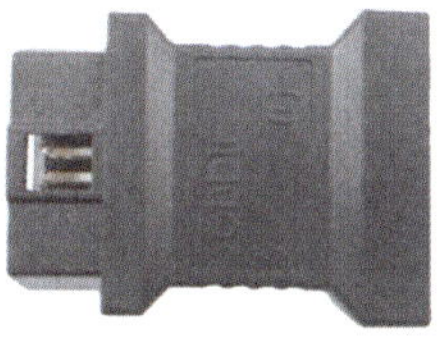	OBD 16 PIN 接头

2．用汽车故障诊断仪读取故障码

根据表 8-2-4，练习用汽车故障诊断仪读取故障码。

表 8-2-4　用汽车故障诊断仪读取故障码

序号	图示	操作步骤
1	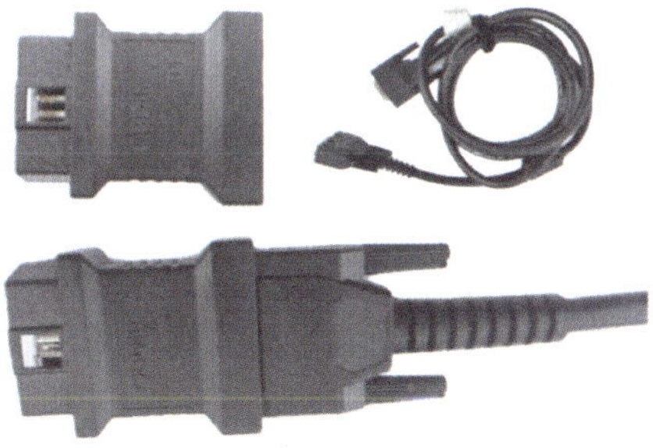	连接 OBD 16 PIN 接头与测试延长线
2		连接 KT660 主机与测试延长线

续表

序号	图示	操作步骤
3	 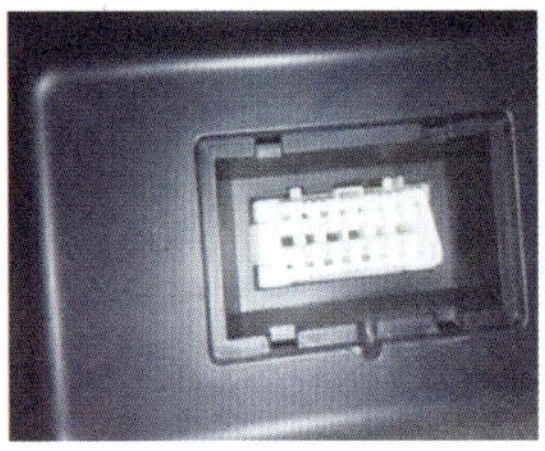	找到车辆的 OBD 诊断接头
4	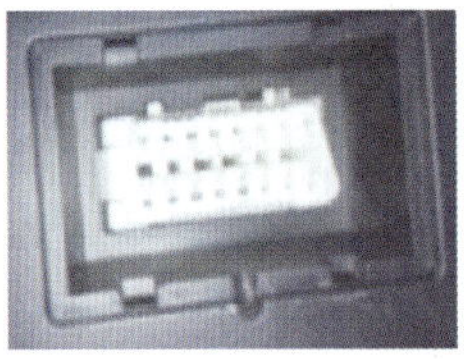 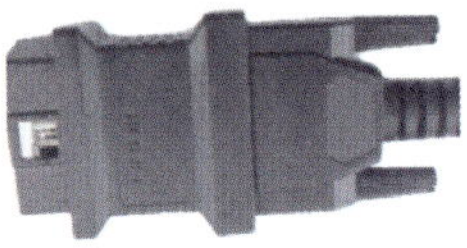	连接 OBD 16 PIN 接头与车辆 OBD 诊断接头，然后打开点火开关
5	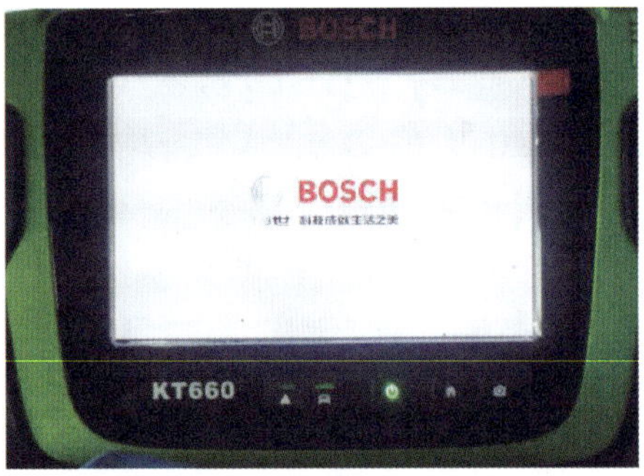	开机
6	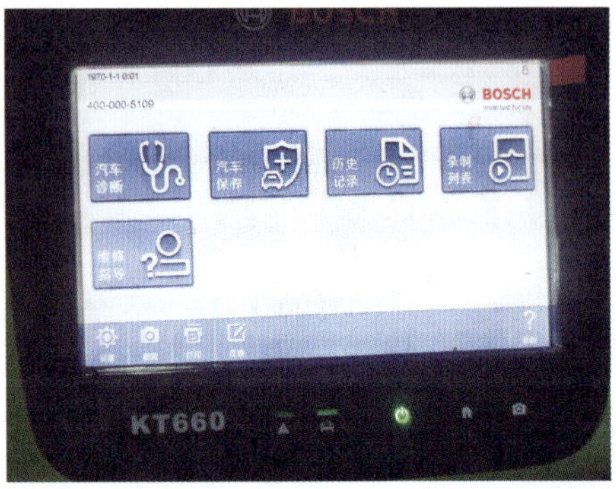	选择“汽车诊断”

续表

序号	图示	操作步骤
7	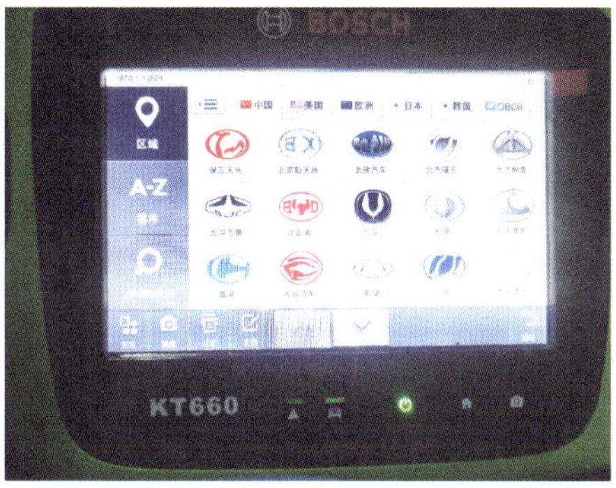	选择车型
8	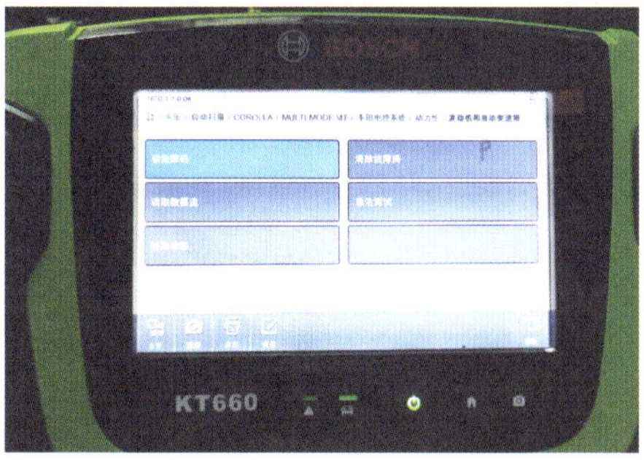	选择“读故障码”进行诊断

3．用汽车故障诊断仪消除故障码

根据表 8–2–5，练习用汽车故障诊断仪消除故障码。

表 8–2–5　　用汽车故障诊断仪消除故障码

序号	图示	操作步骤
1	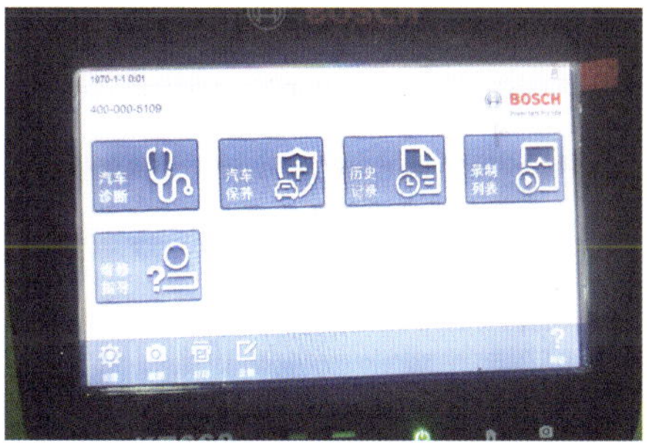 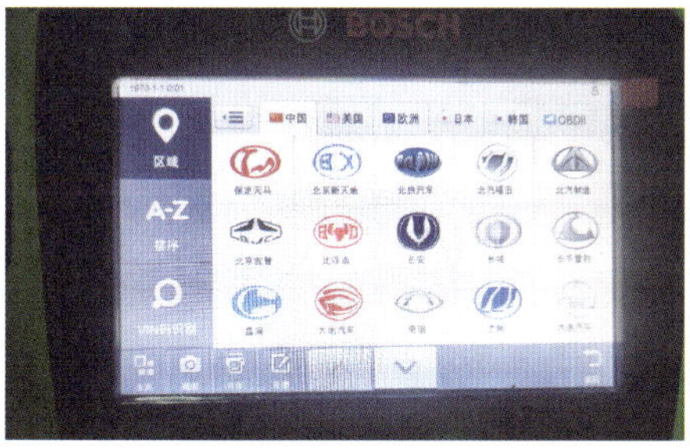	汽车故障诊断仪连接操作同读取故障码部分，连接完成后执行开机→汽车诊断→选择车型操作

续表

序号	图示	操作步骤
2	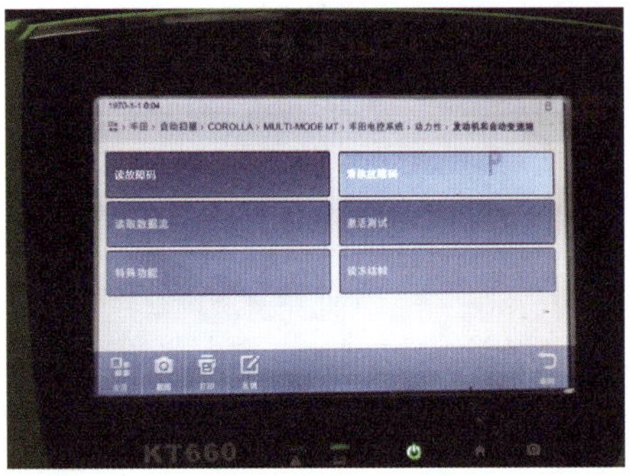	选择“清除故障码”
3	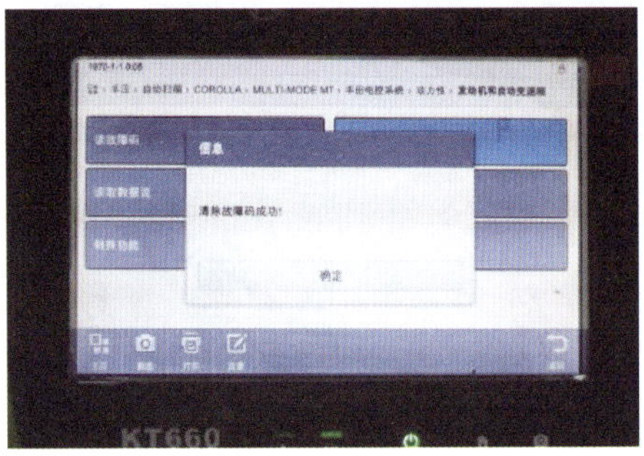	提示“清除故障码成功！”，按“确定”按钮即完成操作

三、制订检修方案

1．查阅资料，回答下列问题。

（1）如何判断传感器故障？

（2）检修各类传感器一般遵循什么原则？

（3）传感器出现故障时，应主要从哪些方面对其进行检查？采用什么检修方法？

2．根据具体工作内容，明确小组成员分工，填写表 8-2-6。

表 8-2-6　小组成员分工

姓名	分工

3．根据要求列出维修所需主要工具及材料清单，填写表 8-2-7。

表 8-2-7　维修所需主要工具及材料清单

序号	工具及材料名称	单位	数量	备注

4．根据小组分工情况及客户要求，制订具体的维修工序，填写表 8-2-8。

表 8-2-8　维修工序安排

序号	维修工序内容	备注

四、检查和更换常用传感器

在检查传感器时首先用汽车故障诊断仪读取故障码，若有故障码，应清除故障码后重新读取故障码，若故障码依旧存在，则按故障码提示检查传感器；若无故障码，则按故障现象进行检查。执行器与电控单元检修参考本活动。

1．进气温度传感器

（1）根据表 8-2-9 进行进气温度传感器的拆卸。

表 8-2-9 拆卸进气温度传感器

序号	操作图示	作业要领	完成情况
1		拆下蓄电池负极接线	完　成□ 未完成□
2		断开进气温度传感器线束连接器	完　成□ 未完成□
3	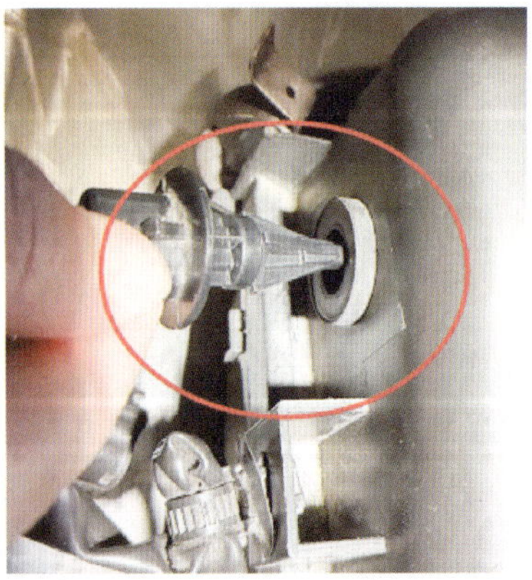	拆下并取出进气温度传感器	完　成□ 未完成□

（2）根据进气温度传感器电路连接图（图 8-2-1），检查进气温度传感器的外观、阻值、工作电压、信号电压以及导线的通断性、绝缘性等，并填写表 8-2-10。图 8-2-1 中，ECM 为发动机电子控制模块，5V 电源电压由端子 THA 借助于电阻 R 施加到进气温度传感器上，ETHA 为接地端子。

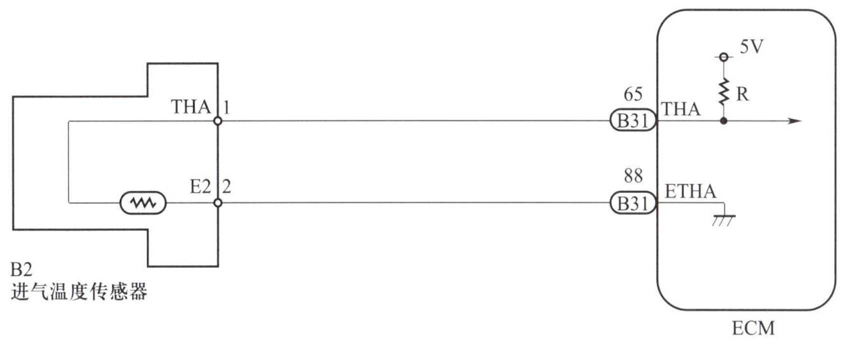

图 8-2-1　进气温度传感器电路连接图[①]

表 8-2-10　检查进气温度传感器

<table>
<tr><th>序号</th><th colspan="2">检查内容</th><th>检查方法</th><th>标准值</th><th>测量值</th><th>维修建议</th></tr>
<tr><td>1</td><td colspan="2">传感器外观检查</td><td>查看</td><td></td><td></td><td></td></tr>
<tr><td>2</td><td colspan="2">B2 1 号端子与 2 号端子阻值检查</td><td>测电阻</td><td></td><td></td><td></td></tr>
<tr><td>3</td><td rowspan="2">导线通断性检查</td><td>B2 1 号端子与 B31 65 号端子连接导线阻值检查</td><td>测电阻</td><td></td><td></td><td></td></tr>
<tr><td>4</td><td>B2 2 号端子与 B31 88 号端子连接导线阻值检查</td><td>测电阻</td><td></td><td></td><td></td></tr>
<tr><td>5</td><td colspan="2">导线绝缘性检查</td><td>测电阻</td><td></td><td></td><td></td></tr>
<tr><td>6</td><td colspan="2">传感器工作电压检查：断开传感器线束连接器，测量 B2 1 号端子与蓄电池负极之间的电压</td><td>测电压</td><td></td><td></td><td></td></tr>
<tr><td>7</td><td colspan="2">传感器信号电压检查：连接传感器线束连接器，测量 B2 1 号端子与蓄电池负极之间的电压</td><td>测电压</td><td></td><td></td><td></td></tr>
</table>

① 书中所有电路接线图均为产品原图，与标准电路图有区别。

2．冷却液温度传感器

（1）根据表 8-2-11 进行冷却液温度传感器的拆卸。

表 8-2-11　　拆卸冷却液温度传感器

序号	操作图示	作业要领	完成情况
1	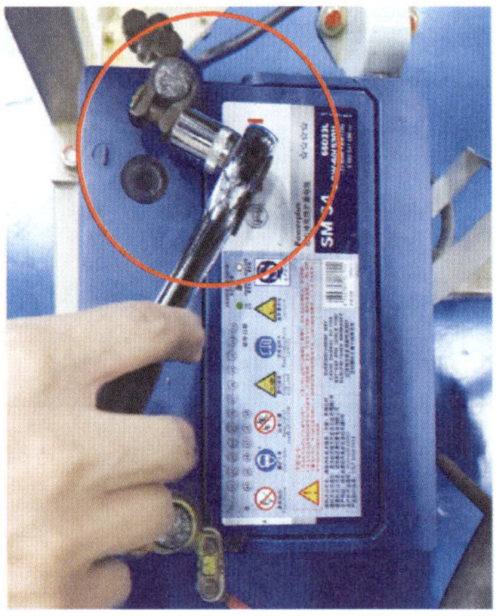	拆下蓄电池负极接线	完　成□ 未完成□
2		断开冷却液温度传感器线束连接器	完　成□ 未完成□

续表

序号	操作图示	作业要领	完成情况
3		使用梅花扳手拆下冷却液温度传感器	完　成□ 未完成□
4		取下冷却液温度传感器	完　成□ 未完成□

（2）根据冷却液温度传感器电路连接图（图 8-2-2），检查冷却液温度传感器的外观、阻值、工作电压、信号电压以及导线的通断性、绝缘性等，并填写表 8-2-12。

图 8-2-2　冷却液温度传感器电路连接图

表 8-2-12　　检查冷却液温度传感器

<table>
<tr><th>序号</th><th colspan="2">检查内容</th><th>检查方法</th><th>标准值</th><th>测量值</th><th>维修建议</th></tr>
<tr><td>1</td><td colspan="2">传感器外观检查</td><td>查看</td><td></td><td></td><td></td></tr>
<tr><td>2</td><td colspan="2">B3 1 号端子与 2 号端子阻值检查</td><td>测电阻</td><td></td><td></td><td></td></tr>
<tr><td>3</td><td rowspan="2">导线通断性检查</td><td>B3 1 号端子与 B31 96 号端子连接导线阻值检查</td><td>测电阻</td><td></td><td></td><td></td></tr>
<tr><td>4</td><td>B3 2 号端子与 B31 97 号端子连接导线阻值检查</td><td>测电阻</td><td></td><td></td><td></td></tr>
<tr><td>5</td><td colspan="2">导线绝缘性检查</td><td>测电阻</td><td></td><td></td><td></td></tr>
<tr><td>6</td><td colspan="2">传感器工作电压检查：断开传感器线束连接器，测量 B3 2 号端子与蓄电池负极之间的电压</td><td>测电压</td><td></td><td></td><td></td></tr>
<tr><td>7</td><td colspan="2">传感器信号电压检查：连接传感器线束连接器，测量 B3 2 号端子与蓄电池负极之间的电压</td><td>测电压</td><td></td><td></td><td></td></tr>
</table>

3．空气流量传感器

（1）根据表 8-2-13 进行空气流量传感器的拆卸。

表 8-2-13　　拆卸空气流量传感器

序号	操作图示	作业要领	完成情况
1		拆下蓄电池负极接线	完　成□ 未完成□

续表

序号	操作图示	作业要领	完成情况
2	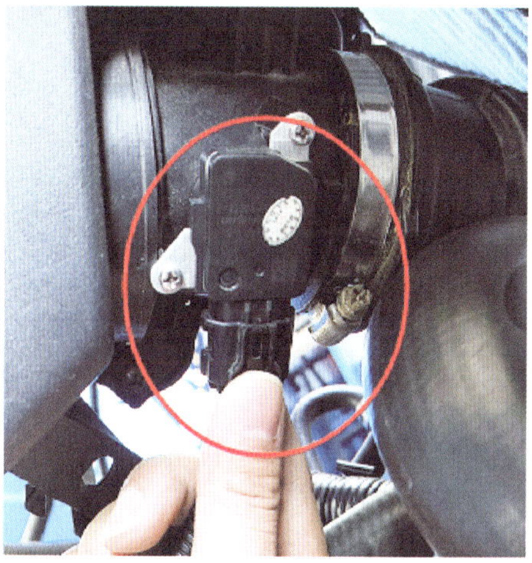	断开空气流量传感器线束连接器	完　成□ 未完成□
3	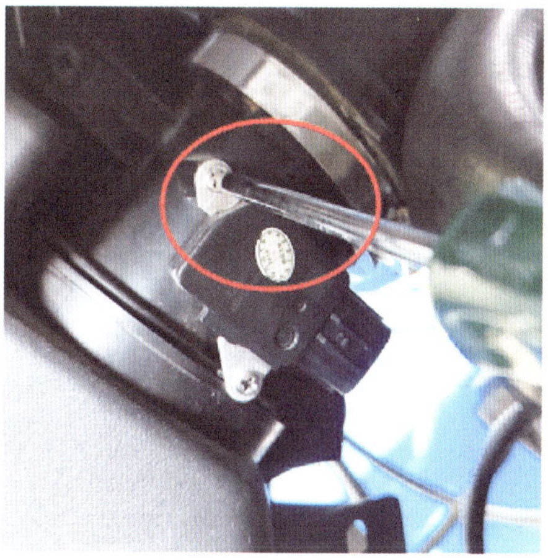	拆下空气流量传感器固定螺钉	完　成□ 未完成□
4		取出空气流量传感器	完　成□ 未完成□

（2）根据空气流量传感器电路连接图（图 8-2-3），检查空气流量传感器的外观、电源电压、工作电压、信号电压以及导线的通断性、绝缘性等，并填写表 8-2-14。图中，EFI MAIN 1 为 EFI 主继电器，FL MAIN、P/I、EFI MAIN 2、EFI No.1 为熔丝。

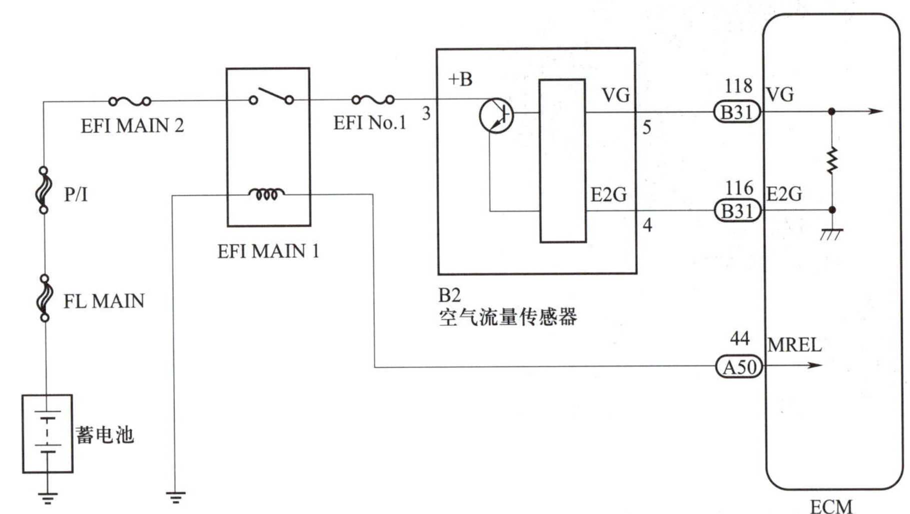

图 8-2-3　空气流量传感器电路连接图

表 8-2-14　检查空气流量传感器

序号	检查内容		检查方法	标准值	测量值	维修建议
1	传感器外观检查		查看			
2	导线通断性检查	B2 5 号端子与 B31 118 号端子连接导线阻值检查	测电阻			
3		B2 4 号端子与 B31 116 号端子连接导线阻值检查	测电阻			
4	导线绝缘性检查		测电阻			
5	传感器电源电压检查：断开传感器线束连接器，测量 B2 3 号端子与蓄电池负极之间的电压		测电压			
6	传感器工作电压检查：断开传感器线束连接器，测量 B2 5 号端子与蓄电池负极之间的电压		测电压			
7	传感器信号电压检查：连接传感器线束连接器，测量 B2 5 号端子与蓄电池负极之间的电压		测电压			

4．进气歧管压力传感器

（1）根据表 8-2-15 进行进气歧管压力传感器的拆卸。

表 8-2-15　拆卸进气歧管压力传感器

序号	操作图示	作业要领	完成情况
1	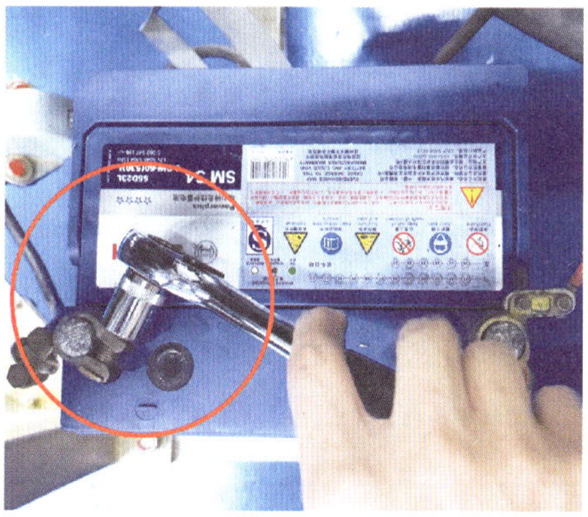	拆下蓄电池负极接线	完　成□ 未完成□
2	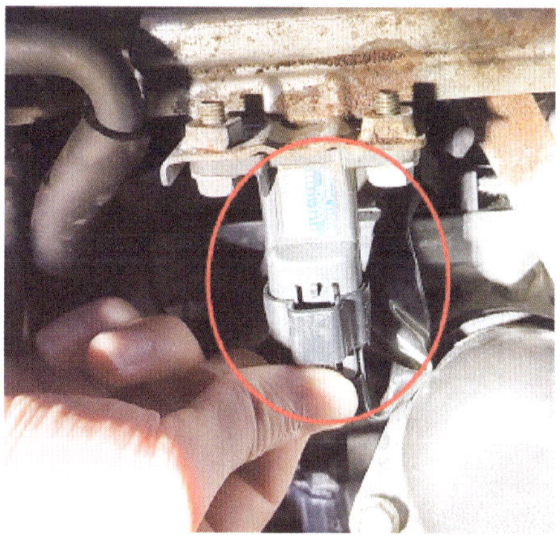	断开进气歧管压力传感器线束连接器	完　成□ 未完成□
3		拆下进气歧管压力传感器固定螺钉	完　成□ 未完成□

续表

序号	操作图示	作业要领	完成情况
4		拆下进气歧管压力传感器真空管	完　成□ 未完成□

（2）根据进气歧管压力传感器电路连接图（图 8-2-4），检查进气歧管压力传感器的外观、工作电压、信号电压以及导线的通断性、绝缘性等，并填写表 8-2-16。

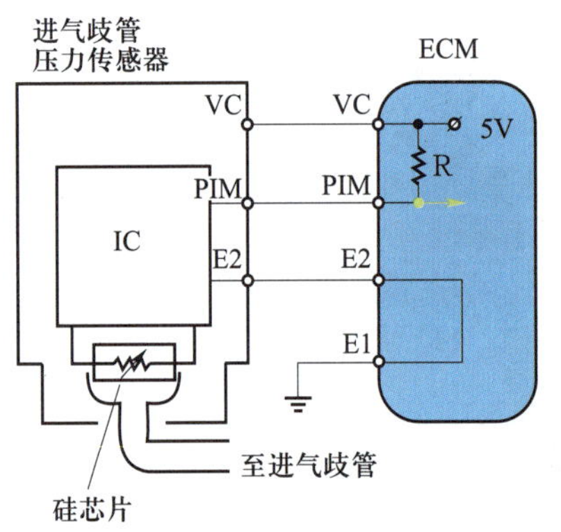

图 8-2-4　进气歧管压力传感器电路连接图

表 8-2-16　检查进气歧管压力传感器

序号	检查内容		检查方法	标准值	测量值	维修建议
1	传感器外观检查		查看			
2	导线通断性检查	传感器与发动机 ECM VC 端子连接导线阻值检查	测电阻			
3		传感器与发动机 ECM PIM 端子连接导线阻值检查	测电阻			
4		传感器与发动机 ECM E2 端子连接导线阻值检查	测电阻			

续表

序号	检查内容	检查方法	标准值	测量值	维修建议
5	导线绝缘性检查	测电阻			
6	传感器工作电压检查：断开传感器线束连接器，测量发动机 ECM VC 端子与蓄电池负极之间的电压	测电压			
7	传感器信号电压检查：连接传感器线束连接器，测量发动机 ECM VC 端子与蓄电池负极之间的电压	测电压			

5．凸轮轴位置传感器

（1）根据表 8-2-17 进行凸轮轴位置传感器的拆卸。

表 8-2-17　　拆卸凸轮轴位置传感器

序号	操作图示	作业要领	完成情况
1	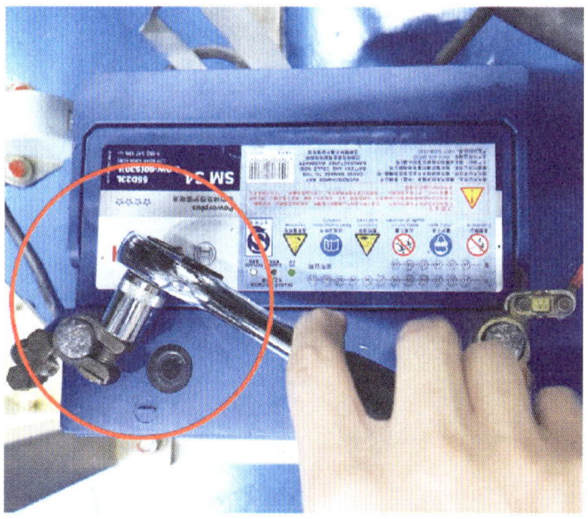	拆下蓄电池负极接线	完　成□ 未完成□
2		断开凸轮轴位置传感器线束连接器	完　成□ 未完成□

续表

序号	操作图示	作业要领	完成情况
3		拆下凸轮轴位置传感器固定螺栓	完　成□ 未完成□
4		取出凸轮轴位置传感器	完　成□ 未完成□

（2）根据凸轮轴位置传感器电路连接图（图 8-2-5），检查凸轮轴位置传感器的外观、工作电压、信号电压以及导线的通断性、绝缘性等，并填写表 8-2-18。

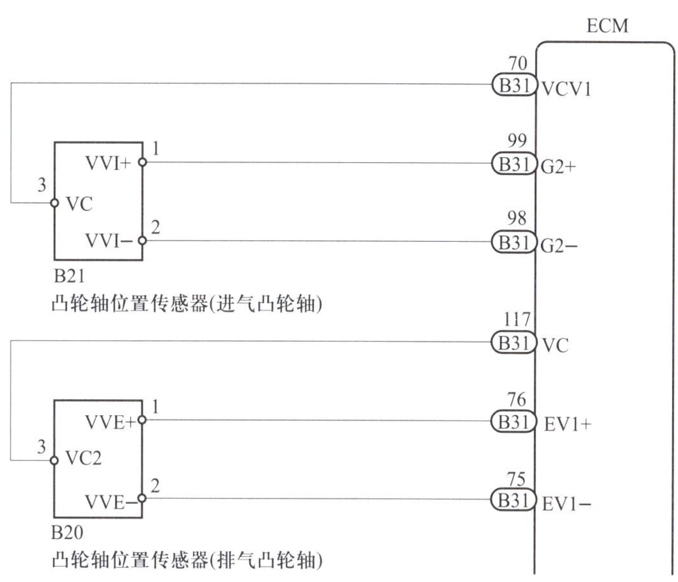

图 8-2-5　凸轮轴位置传感器电路连接图

表 8-2-18　检查凸轮轴位置传感器

序号	检查内容		检查方法	标准值	测量值	维修建议
1	传感器外观检查		查看			
2	导线通断性检查	B21 3 号端子与 B31 70 号端子连接导线阻值检查	测电阻			
3		B21 1 号端子与 B31 99 号端子连接导线阻值检查	测电阻			
4		B21 2 号端子与 B31 98 号端子连接导线阻值检查	测电阻			
5		B20 3 号端子与 B31 117 号端子连接导线阻值检查	测电阻			
6		B20 1 号端子与 B31 76 号端子连接导线阻值检查	测电阻			
7		B20 2 号端子与 B31 75 号端子连接导线阻值检查	测电阻			
8	导线绝缘性检查		测电阻			

续表

序号	检查内容		检查方法	标准值	测量值	维修建议
9	传感器工作电压检查	断开传感器线束连接器，测量B21 3号端子与蓄电池负极之间的电压	测电压			
10		断开传感器线束连接器，测量B20 3号端子与蓄电池负极之间的电压	测电压			
11	传感器信号电压检查	连接传感器线束连接器，测量B21 3号端子与蓄电池负极之间的电压	测电压			
12		连接传感器线束连接器，测量B20 3号端子与蓄电池负极之间的电压	测电压			

6．曲轴位置传感器

（1）根据表8-2-19进行曲轴位置传感器的拆卸。

表8-2-19 拆卸曲轴位置传感器

序号	操作图示	作业要领	完成情况
1		拆下蓄电池负极接线	完　成□ 未完成□

续表

序号	操作图示	作业要领	完成情况
2	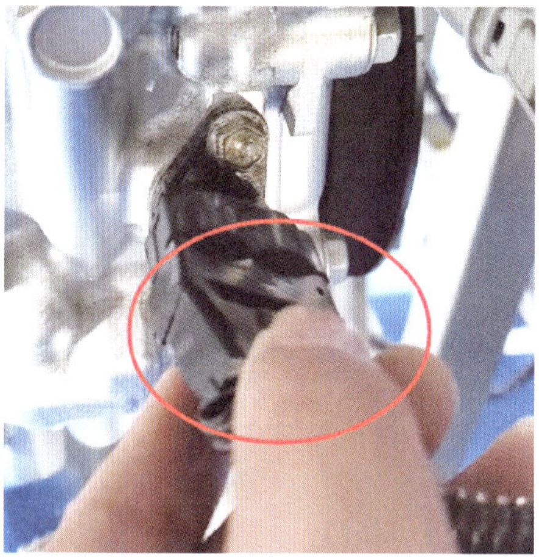	断开曲轴位置传感器线束连接器	完　成□ 未完成□
3	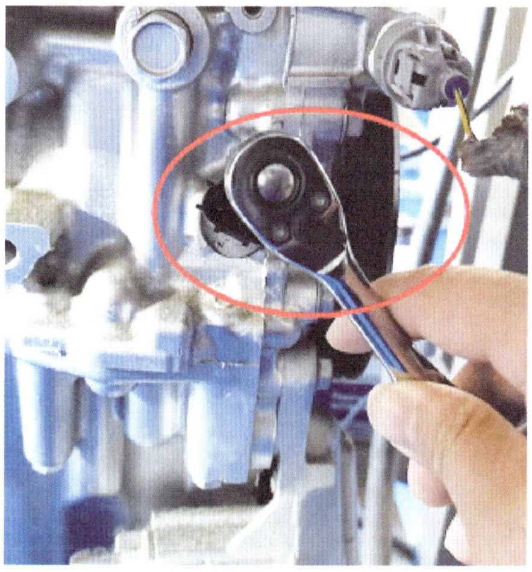	拆下曲轴位置传感器固定螺栓	完　成□ 未完成□
4		取出曲轴位置传感器	完　成□ 未完成□

（2）根据曲轴位置传感器电路连接图（图 8–2–6），检查曲轴位置传感器的外观、阻值、信号电压以及导线的通断性、绝缘性等，并填写表 8–2–20。

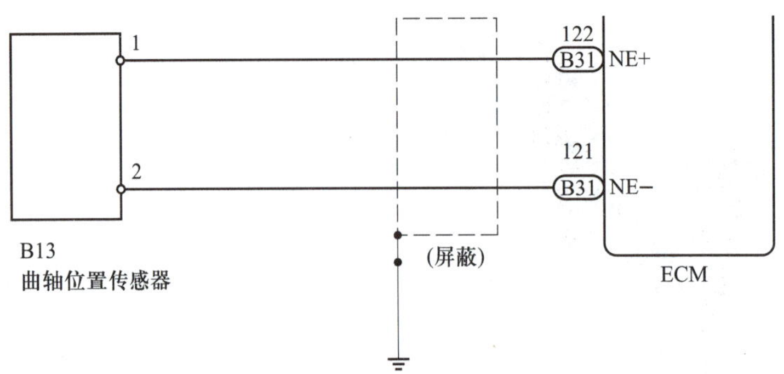

图 8–2–6　曲轴位置传感器电路连接图

表 8–2–20　检查曲轴位置传感器

序号	检查内容		检查方法	标准值	测量值	维修建议
1	传感器外观检查		查看			
2	B13 1 号端子与 B13 2 号端子阻值检查（断开传感器线束连接器）		测电阻			
3	导线通断性检查	B13 1 号端子与 B31 122 号端子连接导线阻值检查	测电阻			
4		B13 2 号端子与 B31 121 号端子连接导线阻值检查	测电阻			
5	导线绝缘性检查		测电阻			
6	传感器信号电压检查：启动发动机，测量 B13 1 号端子与 B13 2 号端子之间的电压		测电压			

7．节气门位置传感器

（1）根据表 8–2–21 进行节气门位置传感器的拆卸。

表 8–2–21　拆卸节气门位置传感器

序号	操作图示	作业要领	完成情况
1	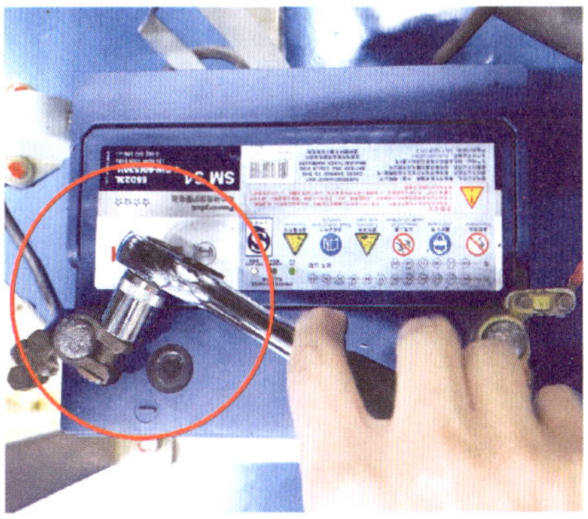	拆下蓄电池负极接线	完　成□ 未完成□
2		断开节气门位置传感器线束连接器	完　成□ 未完成□
3		拆下节气门位置传感器固定螺钉	完　成□ 未完成□
4		取下节气门位置传感器	完　成□ 未完成□

（2）根据节气门位置传感器电路连接图（图 8-2-7），检查节气门位置传感器的外观、阻值、工作电压、信号电压以及导线的通断性、绝缘性等，并填写表 8-2-22。

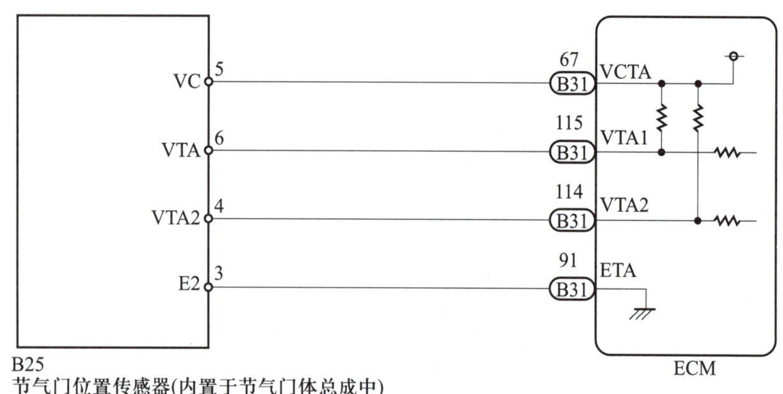

图 8-2-7 节气门位置传感器电路连接图

表 8-2-22 检查节气门位置传感器

序号	检查内容		检查方法	标准值	测量值	维修建议
1	传感器外观检查		查看			
2	传感器阻值检查	B25 5 号端子与 B25 3 号端子阻值检查	测电阻			
3		B25 5 号端子与 B25 6 号端子在节气门开度为 50% 时的阻值检查	测电阻			
4		B25 5 号端子与 B25 4 号端子在节气门开度为 50% 时的阻值检查	测电阻			
5	导线通断性检查	B25 5 号端子与 B31 67 号端子连接导线阻值检查	测电阻			
6		B25 6 号端子与 B31 115 号端子连接导线阻值检查	测电阻			
7		B25 4 号端子与 B31 114 号端子连接导线阻值检查	测电阻			
8		B25 3 号端子与 B31 91 号端子连接导线阻值检查	测电阻			
9	导线绝缘性检查		测电阻			
10	传感器工作电压检查：断开传感器线束连接器，测量 B25 5 号端子与蓄电池负极之间的电压		测电压			

续表

序号	检查内容		检查方法	标准值	测量值	维修建议
11	传感器信号电压检查	连接传感器线束连接器，测量B25 6号端子与蓄电池负极在节气门开度为50%时的电压	测电压			
12		连接传感器线束连接器，测量B25 4号端子与蓄电池负极在节气门开度为50%时的电压	测电压			

8．加速踏板位置传感器

（1）根据表8-2-23进行加速踏板位置传感器的拆卸。

表8-2-23　拆卸加速踏板位置传感器

序号	操作图示	作业要领	完成情况
1	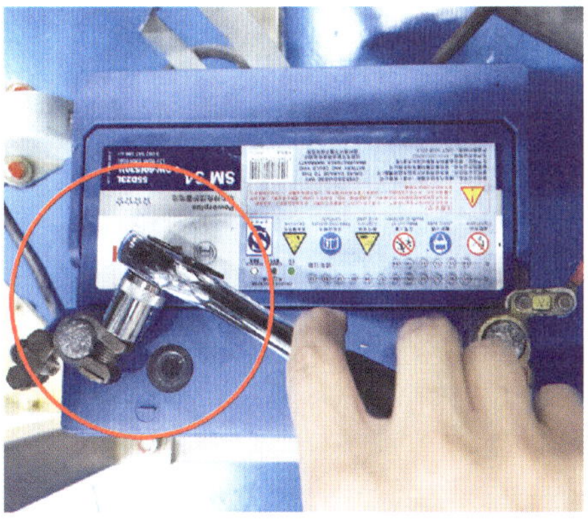	拆下蓄电池负极接线	完　成□ 未完成□
2	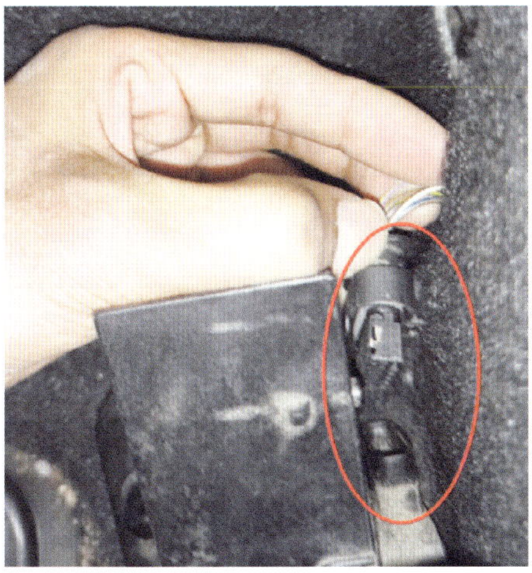	断开加速踏板位置传感器线束连接器	完　成□ 未完成□

续表

序号	操作图示	作业要领	完成情况
3	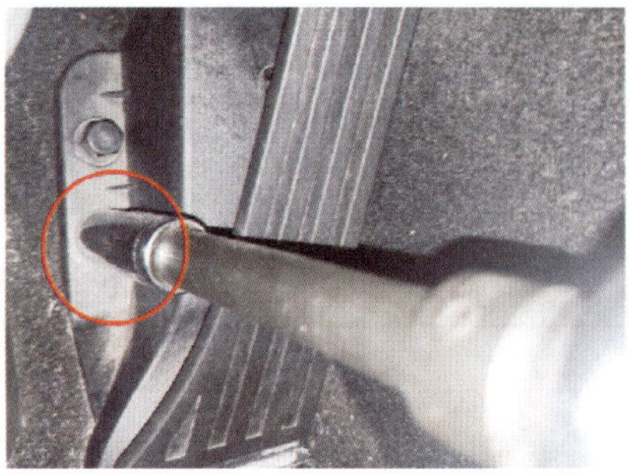	拆下加速踏板位置传感器固定螺栓 2	完　成□ 未完成□
4		拆下加速踏板位置传感器固定螺栓 1	完　成□ 未完成□
5		取出加速踏板位置传感器	完　成□ 未完成□

（2）根据加速踏板位置传感器电路连接图（图 8-2-8），检查加速踏板位置传感器的外观、工作电压、信号电压以及导线的通断性、绝缘性等，并填写表 8-2-24。

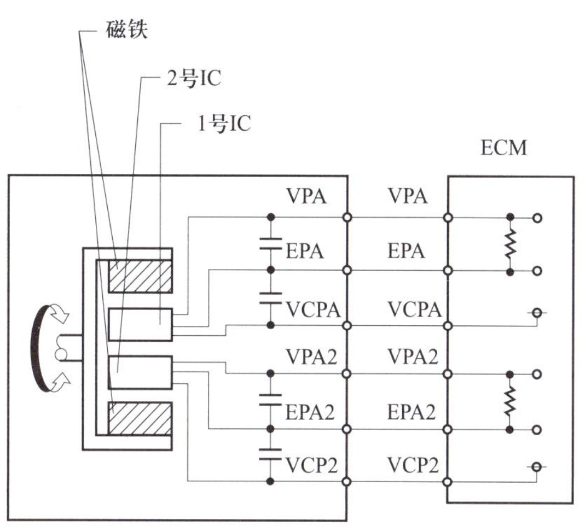

图 8-2-8　加速踏板位置传感器电路连接图

表 8-2-24　检查加速踏板位置传感器

<table>
<tr><th>序号</th><th colspan="2">检查内容</th><th>检查方法</th><th>标准值</th><th>测量值</th><th>维修建议</th></tr>
<tr><td>1</td><td colspan="2">传感器外观检查</td><td>查看</td><td></td><td></td><td></td></tr>
<tr><td>2</td><td rowspan="6">导线通断性检查</td><td>传感器与发动机 ECM VPA 端子连接导线阻值检查</td><td>测电阻</td><td></td><td></td><td></td></tr>
<tr><td>3</td><td>传感器与发动机 ECM EPA 端子连接导线阻值检查</td><td>测电阻</td><td></td><td></td><td></td></tr>
<tr><td>4</td><td>传感器与发动机 ECM VCPA 端子连接导线阻值检查</td><td>测电阻</td><td></td><td></td><td></td></tr>
<tr><td>5</td><td>传感器与发动机 ECM VPA2 端子连接导线阻值检查</td><td>测电阻</td><td></td><td></td><td></td></tr>
<tr><td>6</td><td>传感器与发动机 ECM EPA2 端子连接导线阻值检查</td><td>测电阻</td><td></td><td></td><td></td></tr>
<tr><td>7</td><td>传感器与发动机 ECM VCP2 端子连接导线阻值检查</td><td>测电阻</td><td></td><td></td><td></td></tr>
<tr><td>8</td><td colspan="2">导线绝缘性检查</td><td>测电阻</td><td></td><td></td><td></td></tr>
<tr><td>9</td><td rowspan="2">传感器工作电压检查</td><td>断开传感器线束连接器，测量发动机 ECM VCPA 端子与蓄电池负极之间的电压</td><td>测电压</td><td></td><td></td><td></td></tr>
<tr><td>10</td><td>断开传感器线束连接器，测量发动机 ECM VCP2 端子与蓄电池负极之间的电压</td><td>测电压</td><td></td><td></td><td></td></tr>
</table>

续表

序号	检查内容		检查方法	标准值	测量值	维修建议
11	传感器信号电压检查	连接传感器线束连接器，测量发动机 ECM VPA 端子与蓄电池负极之间的电压	测电压			
12		连接传感器线束连接器，测量发动机 ECM VPA2 与蓄电池负极之间的电压	测电压			

9．氧传感器

（1）根据表 8-2-25 进行氧传感器的拆卸。

表 8-2-25 拆卸氧传感器

序号	操作图示	作业要领	完成情况
1	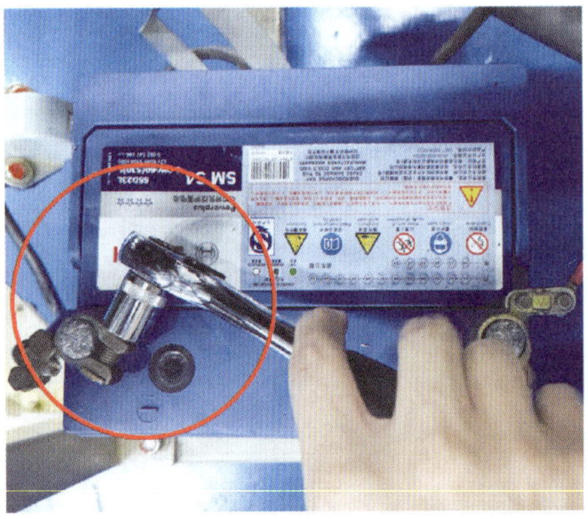	拆下蓄电池负极接线	完　成□ 未完成□
2	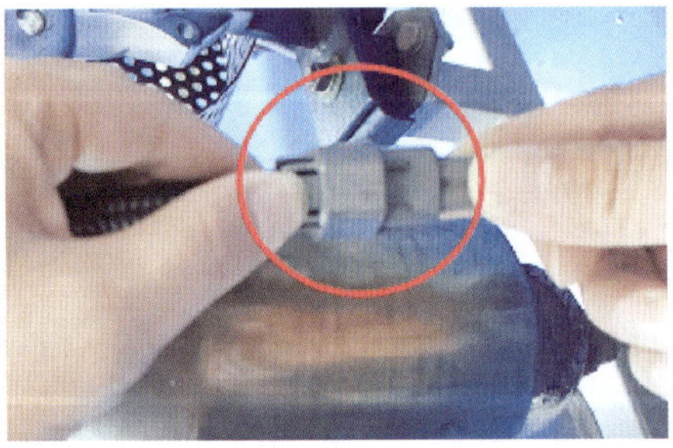	断开氧传感器线束连接器	完　成□ 未完成□

续表

序号	操作图示	作业要领	完成情况
3		使用氧传感器专用套筒及棘轮扳手拆下氧传感器	完　成□ 未完成□
4		取出氧传感器	完　成□ 未完成□

（2）根据氧传感器电路连接图（图 8-2-9），检查氧传感器的外观、阻值、工作电压、信号电压以及导线的通断性、绝缘性等，并填写表 8-2-26。

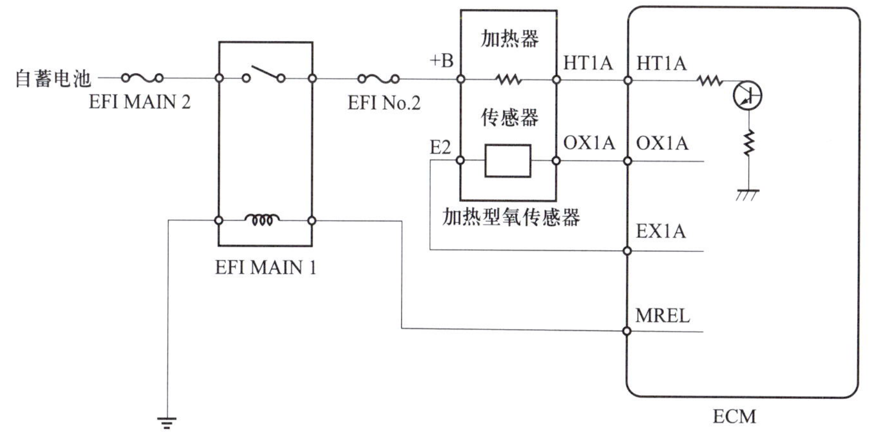

图 8-2-9　氧传感器电路连接图

表 8-2-26　　检查氧传感器

序号	检查内容		检查方法	标准值	测量值	维修建议
1	传感器外观检查		查看			
2	传感器 +B 端子与 HT1A 端子阻值检查		测电阻			
3	导线通断性检查	传感器与发动机 ECM HT1A 端子连接导线阻值检查	测电阻			
4		传感器与发动机 ECM OX1A 端子连接导线阻值检查	测电阻			
5	导线绝缘性检查		测电阻			
6	传感器工作电压检查：断开传感器线束连接器，测量传感器 +B 端子与蓄电池负极之间的电压		测电压			
7	传感器信号电压检查：连接传感器线束连接器，测量传感器 OX1A 端子与蓄电池负极之间的电压		测电压			

五、学习过程评价

学习过程评价见表 8-2-27。

表 8-2-27　　学习过程评价表

班级		姓名		学号		日期	年　月　日
序号	评价要点				配分 / 分	得分	总评 / 分
1	能正确识读和填写工作页，明确学习活动的要求				10		A □（86 ~ 100） B □（76 ~ 85） C □（60 ~ 75） D □（60 以下）
2	能描述电控系统常用传感器的作用、类型及组成				10		
3	能描述汽车故障诊断仪的组成，正确使用汽车故障诊断仪				10		
4	能正确判断传感器故障，明确传感器故障的检修内容和检修方法				10		
5	能规范地完成电控系统常用传感器的检查，并根据检查结果给出维修建议				30		
6	能遵守劳动纪律，以积极的态度接受工作任务				10		
7	能积极参与小组讨论，发挥团队合作精神				10		
8	能及时完成教师布置的任务				10		
总　分					100		
小结建议							

学习活动 3　执行器的检查与更换

学习目标

1. 能描述电控系统常用执行器的分类、作用及组成。

2. 能正确判断执行器故障，明确执行器故障的检修内容和检修方法。

3. 能规范地完成电控系统常用执行器的检查，并根据检查结果给出维修建议。

建议学时：6 学时。

学习过程

一、执行器的分类、作用及组成

执行器是汽车自动控制系统中必不可少的一个重要组成部分，其作用是接收控制器送来的控制信号，改变被控介质的大小，从而将被控变量维持在所要求的数值上或一定的范围内。执行器按其能源形式可分为气动执行器、液动执行器和电动执行器三大类。

查阅资料，根据表 8-3-1 中电控系统常用执行器的结构图，写出执行器各组成部分的作用。

表 8-3-1　电控系统常用执行器的名称、结构及作用

序号	执行器名称	结构图	各组成部分的名称	作用
1	炭罐电磁阀		1. 阀体	
			2. 线圈	
			3. 密封圈	
			4. 连接端子	
			5. 铁芯	
			6. 阀芯	

续表

序号	执行器名称	结构图	各组成部分的名称	作用
2	喷油器	1 6 2 3 4 7 5 8	1. 连接器	
			2. 电磁线圈	
			3. 回位弹簧	
			4. 柱塞	
			5. 针阀	
			6. 进油滤网	
			7. 衔铁	
			8. 喷口	
3	点火控制器	4 3 2 1 5 6 7 8 9 10	1. 铁芯	
			2. 永磁铁	
			3. 绕组骨架	
			4. 安装孔	
			5. 接插头	
			6. 电子元件	
			7. 高压二极管	
			8. 抗干扰电阻	
			9. 弹簧	
			10. 护套	
4	燃油泵	1 2 3 4 5 6 7 8 出口 入口 9 10	1. 单向出油阀	
			2. 泄压阀	
			3. 电刷	
			4. 电枢	
			5. 磁极	
			6. 叶轮	
			7. 滤网	
			8. 泵盖	
			9. 壳体	
			10. 叶片	

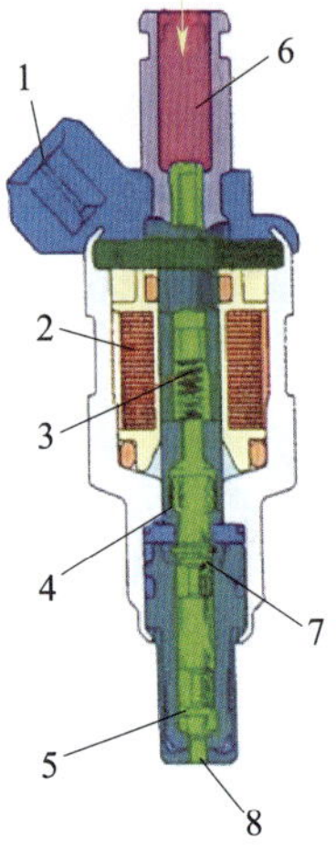

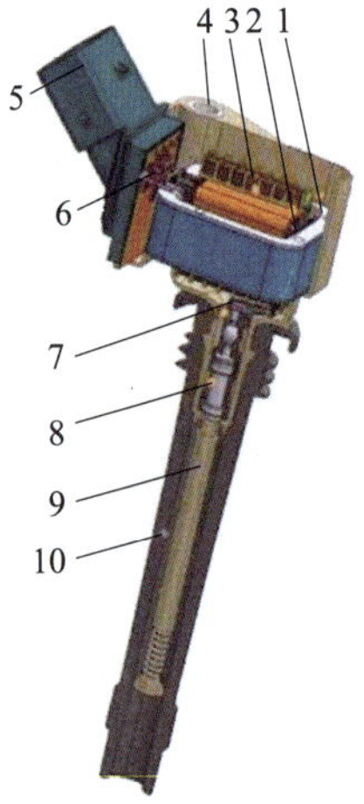

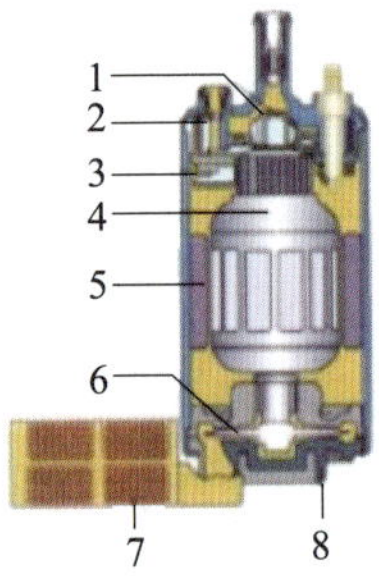

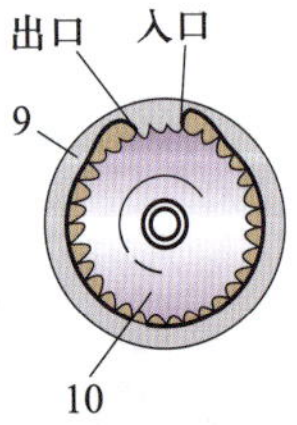

二、制订检修方案

1．查阅资料，回答下列问题。

（1）如何判断执行器故障？

（2）检修各类执行器一般遵循什么原则？

（3）执行器出现故障时，应主要从哪些方面对其进行检查？采用什么检修方法？

2．根据具体工作内容，明确小组成员分工，填写表 8–3–2。

表 8–3–2　小组成员分工

姓名	分工

3．根据要求列出维修所需主要工具及材料清单，填写表 8–3–3。

表 8–3–3　维修所需主要工具及材料清单

序号	工具及材料名称	单位	数量	备注

4．根据小组分工情况及客户要求，制订具体的维修工序，填写表 8-3-4。

表 8-3-4　维修工序安排

序号	维修工序内容	备注

三、检查与更换常用执行器

1．炭罐电磁阀

（1）根据表 8-3-5 进行炭罐电磁阀的拆卸。

表 8-3-5　拆卸炭罐电磁阀

序号	操作图示	作业要领	完成情况
1	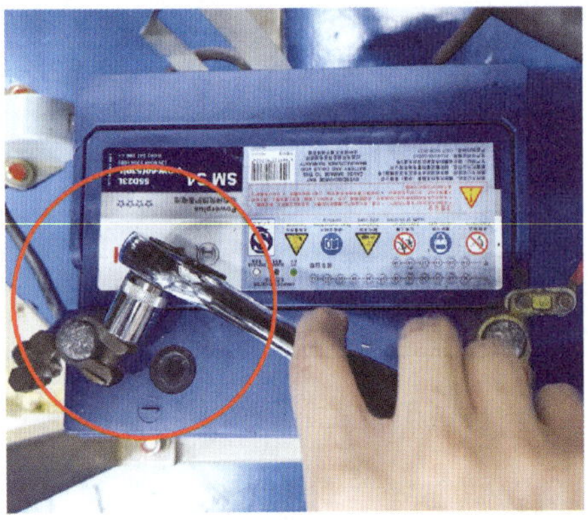	拆下蓄电池负极接线	完　成□ 未完成□
2		断开炭罐电磁阀线束连接器	完　成□ 未完成□

续表

序号	操作图示	作业要领	完成情况
3	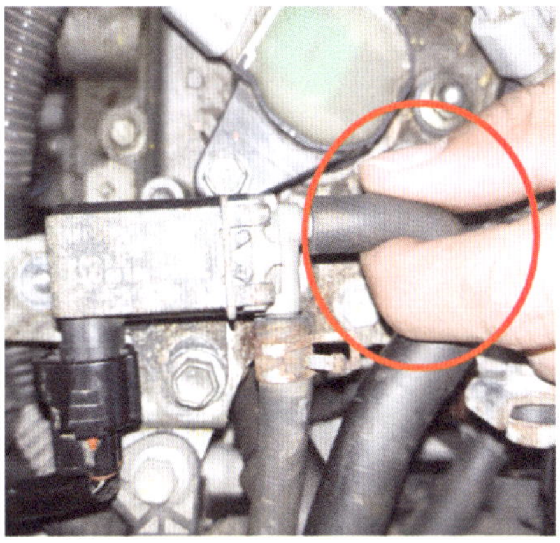	拔出炭罐电磁阀软管 1	完　成□ 未完成□
4		按下卡箍，拔出炭罐电磁阀软管 2	完　成□ 未完成□
5		拆下炭罐电磁阀固定螺栓	完　成□ 未完成□
6		取出炭罐电磁阀	完　成□ 未完成□

（2）根据炭罐电磁阀电路连接图（图 8-3-1），检查炭罐电磁阀的外观、阻值、工作电压、搭铁以及线束连接器的牢固性，点火继电器的阻值，导线的通断性、绝缘性等，并填写表 8-3-6。

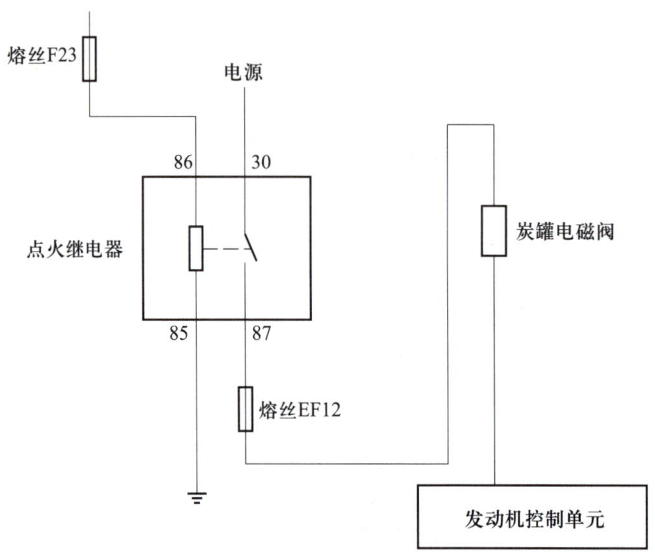

图 8-3-1　炭罐电磁阀电路连接图

表 8-3-6　检查炭罐电磁阀

序号	检查内容	检查方法	标准值	测量值	维修建议
1	炭罐电磁阀外观检查	查看			
2	炭罐电磁阀线束连接器牢固性检查	查看			
3	炭罐电磁阀线圈阻值检查	测电阻			
4	点火继电器 86 号端子与 85 号端子阻值检查	测电阻			
5	熔丝 EF12 阻值检查	测电阻			
6	导线通断性检查	测电阻			
7	导线绝缘性检查	测电阻			
8	炭罐电磁阀工作电压及搭铁检查	测电压			

2．喷油器

（1）根据表 8-3-7 进行喷油器的拆卸。

表 8-3-7　拆卸喷油器

序号	操作图示	作业要领	完成情况
1	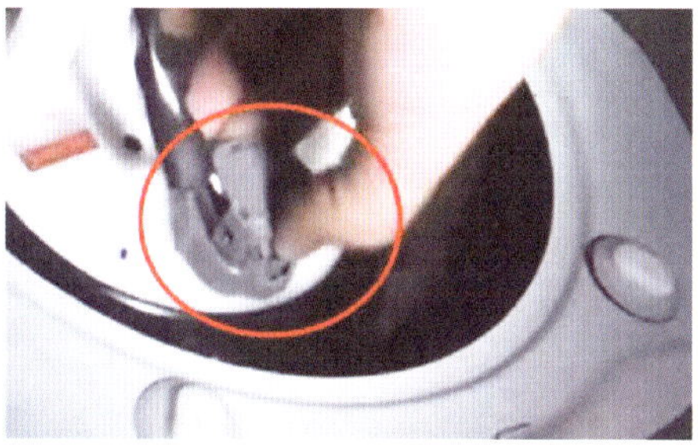	拔掉燃油泵插头	完　成□ 未完成□
2		启动发动机多次进行泄压	完　成□ 未完成□
3	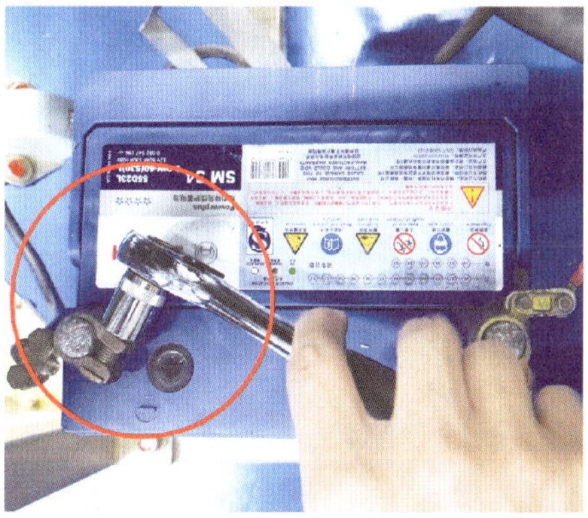	拆下蓄电池负极接线	完　成□ 未完成□
4	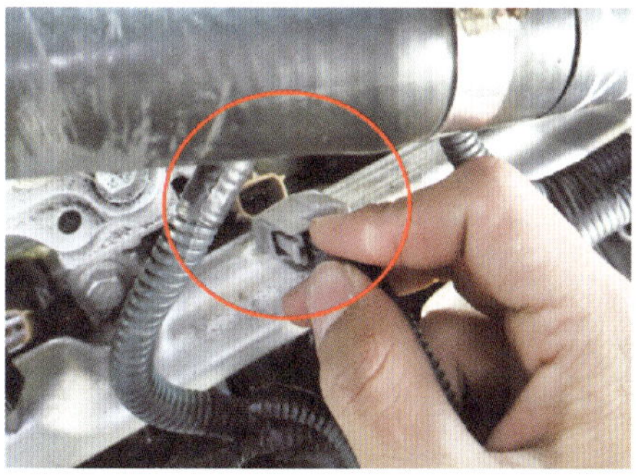	断开喷油器连接器	完　成□ 未完成□

续表

序号	操作图示	作业要领	完成情况
5		使用套筒及棘轮扳手拆卸燃油导轨固定螺栓 1	完　成□ 未完成□
6		使用套筒及棘轮扳手拆卸燃油导轨固定螺栓 2	完　成□ 未完成□
7		提起燃油导轨	完　成□ 未完成□
8		将燃油导轨与喷油器分离	完　成□ 未完成□

（2）根据喷油器电路连接图（图 8-3-2），检查喷油器的外观、阻值、工作电压、线束连接器的牢固性以及导线的通断性、绝缘性等，并填写表 8-3-8。

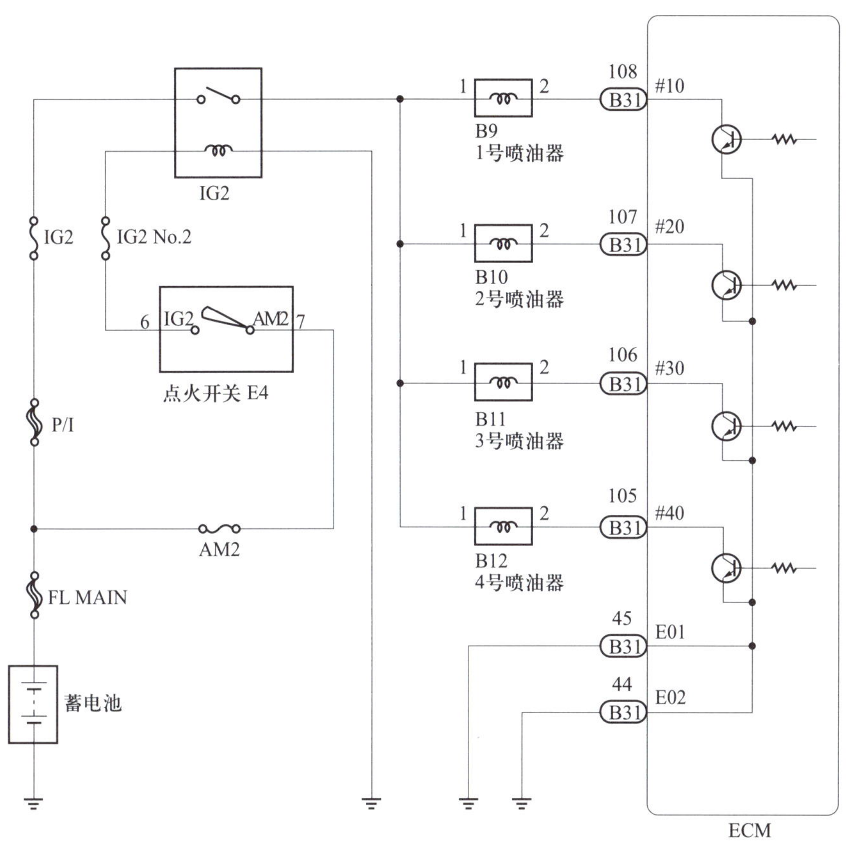

图 8-3-2　喷油器电路连接图

表 8-3-8　检查喷油器

序号	检查内容	检查方法	标准值	测量值	维修建议
1	喷油器外观检查	查看			
2	喷油器线束连接器牢固性检查	查看			
3	1 号喷油器阻值检查	测电阻			
4	2 号喷油器阻值检查	测电阻			
5	3 号喷油器阻值检查	测电阻			
6	4 号喷油器阻值检查	测电阻			
7	导线通断性检查	测电阻			
8	导线绝缘性检查	测电阻			

续表

序号	检查内容	检查方法	标准值	测量值	维修建议
9	1 号喷油器工作电压检查：B9 1 号端子与蓄电池负极之间的电压	测电压			
10	2 号喷油器工作电压检查：B10 1 号端子与蓄电池负极之间的电压	测电压			
11	3 号喷油器工作电压检查：B11 1 号端子与蓄电池负极之间的电压	测电压			
12	4 号喷油器工作电压检查：B12 1 号端子与蓄电池负极之间的电压	测电压			
13	使用发光二极管检测 1、2、3、4 号喷油器 ECM 控制负极	发光判断			

3．点火控制器

（1）根据表 8-3-9 进行点火控制器的拆卸。

表 8-3-9　拆卸点火控制器

序号	操作图示	作业要领	完成情况
1		拆下蓄电池负极接线	完　成□ 未完成□
2		断开点火控制器连接器	完　成□ 未完成□

续表

序号	操作图示	作业要领	完成情况
3		拆下点火控制器固定螺栓	完　成□ 未完成□
4		将点火控制器从气缸中取出	完　成□ 未完成□
5	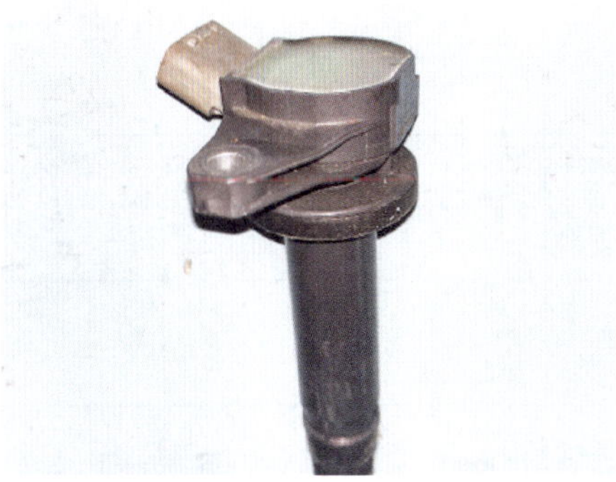	放置好点火控制器	完　成□ 未完成□

（2）根据点火控制器电路连接图（图 8-3-3），检查点火控制器的外观、工作电压、信号电压、搭铁、线束连接器的牢固性以及导线的通断性、绝缘性等，并填写表 8-3-10。

这里以检查 1 号点火控制器为例，其余点火控制器的检查方法与之类似。

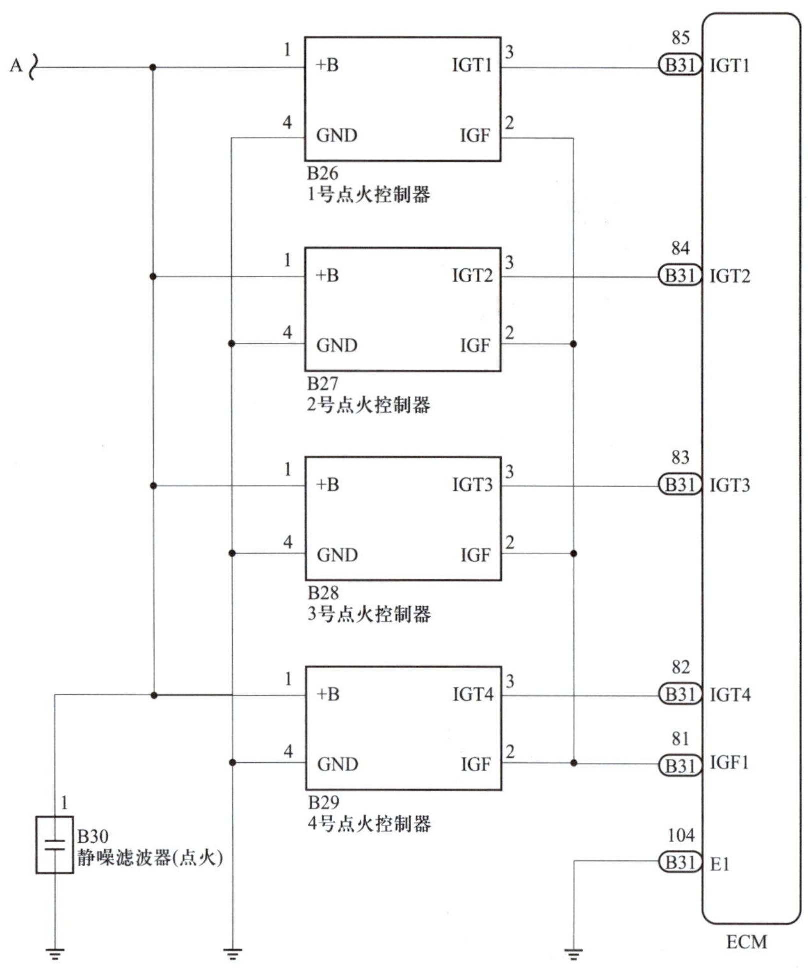

图 8-3-3　点火控制器电路连接图

表 8-3-10　检查点火控制器

序号	检查内容		检查方法	标准值	测量值	维修建议
1	点火控制器外观检查		查看			
2	点火控制器线束连接器牢固性检查		查看			
3	导线通断性检查		测电阻			
4	导线绝缘性检查		测电阻			
5	点火控制器工作电压检查：B26 1 号端子与蓄电池负极之间的电压		测电压			
6	点火控制器信号电压检查	启动发动机，测量 B26 3 号端子与蓄电池负极之间的电压	测电压			
7		启动发动机，测量 B26 2 号端子与蓄电池负极之间的电压（反馈信号电压）	测电压			
8	点火控制器搭铁检查：测量 B26 4 号端子与蓄电池负极之间的阻值		测电阻			

4．燃油泵

（1）根据表 8-3-11 进行燃油泵的拆卸。

表 8-3-11　　拆卸燃油泵

序号	操作图示	作业要领	完成情况
1	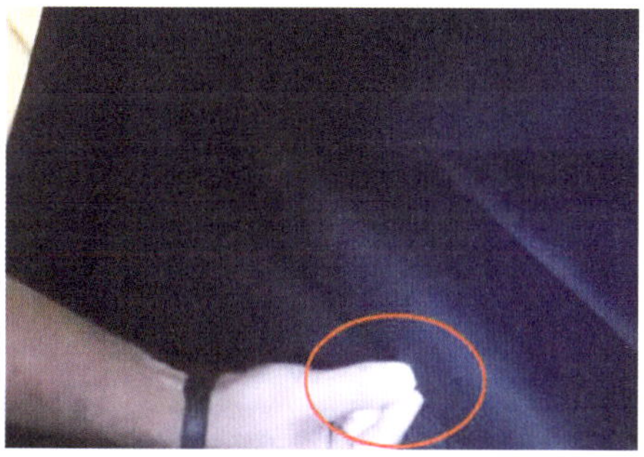	按下后排座椅卡扣，拆下后排座椅	完　成□ 未完成□
2	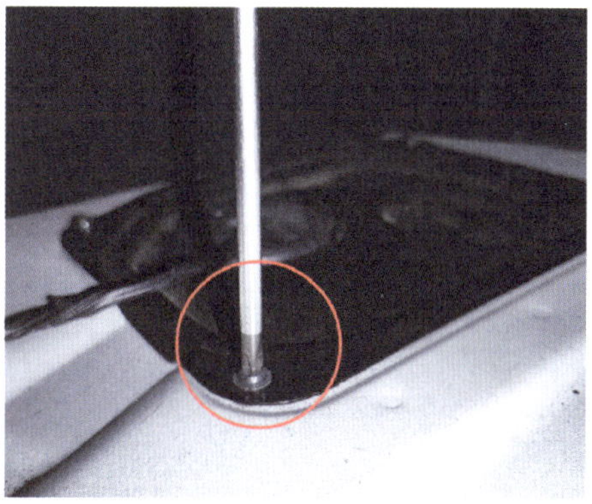	拆下燃油泵防护盖	完　成□ 未完成□
3	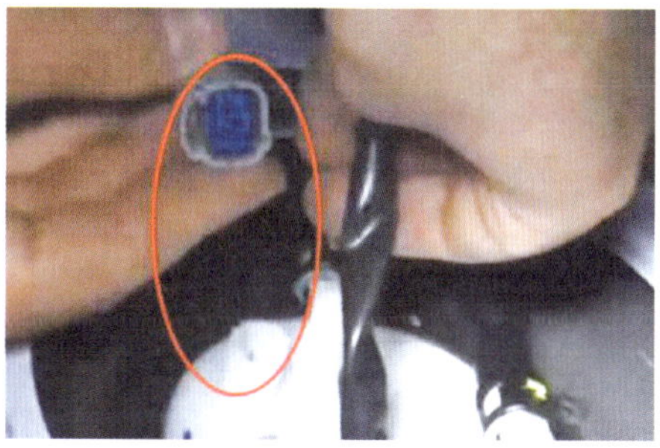	拔出燃油泵插头 1	完　成□ 未完成□
4	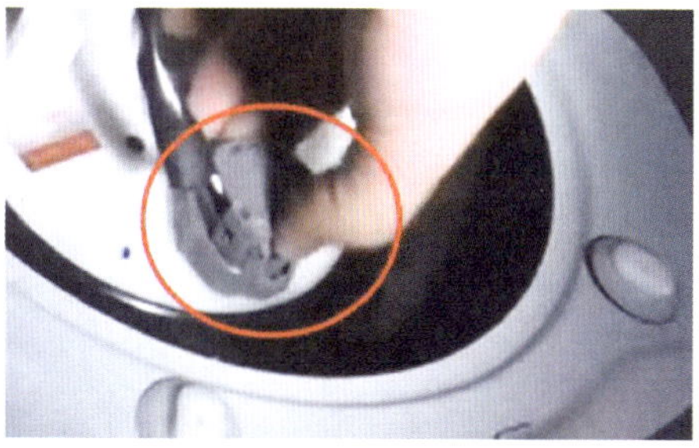	拔出燃油泵插头 2	完　成□ 未完成□

续表

序号	操作图示	作业要领	完成情况
5	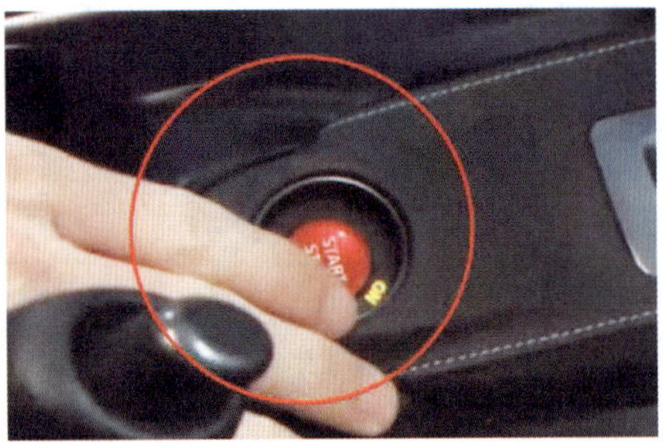	启动发动机多次进行泄压	完　成□ 未完成□
6	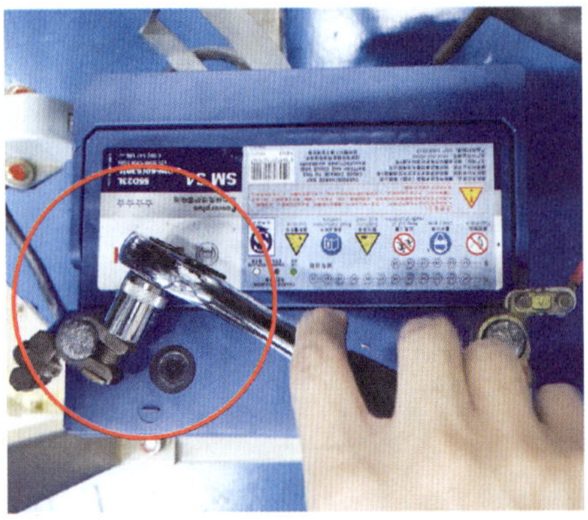	拆下蓄电池负极接线	完　成□ 未完成□
7	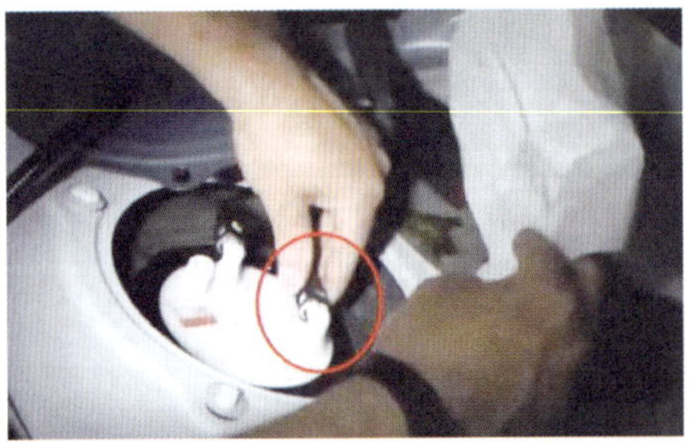	拔下燃油管	完　成□ 未完成□
8	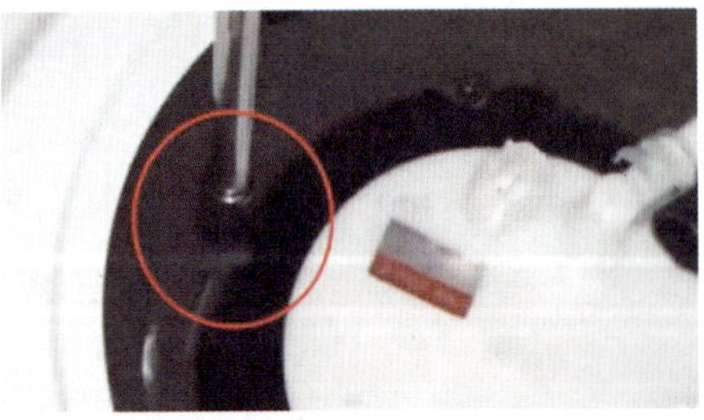	拆下燃油泵固定螺栓	完　成□ 未完成□

续表

序号	操作图示	作业要领	完成情况
9		取出燃油泵	完　成□ 未完成□

（2）根据燃油泵电路连接图（图 8-3-4），检查燃油泵的外观、阻值、工作电压、线束连接器的牢固性、各继电器的阻值以及导线的通断性、绝缘性等，并填写表 8-3-12。

表 8-3-12　检查燃油泵

序号	检查内容	检查方法	标准值	测量值	维修建议
1	燃油泵外观检查	查看			
2	燃油泵线束连接器牢固性检查	查看			
3	L17 4、5 号端子阻值检查	测电阻			
4	导线通断性检查	测电阻			
5	导线绝缘性检查	测电阻			
6	燃油泵工作电压检查：L17 4 号端子与蓄电池负极之间的电压	测电压			
7	IG2 继电器线圈阻值检查	测电阻			
8	IG2 继电器开关阻值检查（通电）	测电阻			
9	C/OPN 继电器线圈阻值检查	测电阻			
10	C/OPN 继电器开关阻值检查（通电）	测电阻			
11	EFI MAIN 继电器线圈阻值检查	测电阻			
12	EFI MAIN 继电器开关阻值检查（通电）	测电阻			

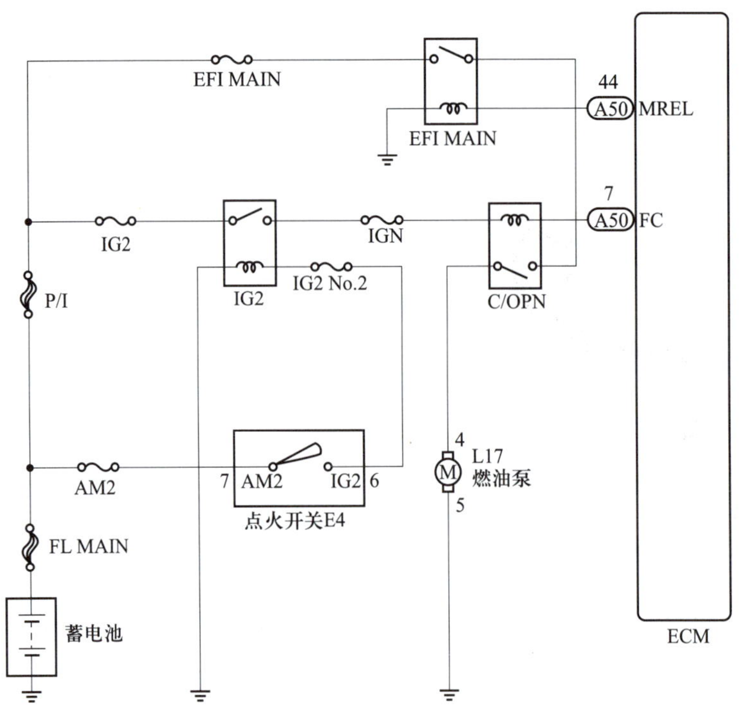

图 8-3-4　燃油泵电路连接图

四、学习过程评价

学习过程评价见表 8-3-13。

表 8-3-13　　学习过程评价表

班级		姓名		学号		日期	年　月　日
序号	评价要点				配分 / 分	得分	总评 / 分
1	能正确识读和填写工作页，明确学习活动的要求				10		A □（86 ~ 100） B □（76 ~ 85） C □（60 ~ 75） D □（60 以下）
2	能描述电控系统常用执行器的分类、作用及组成				20		
3	能正确判断执行器故障，明确执行器故障的检修内容和检修方法				10		
4	能规范地完成执行器的检查，并根据检查结果，给出维修建议				30		
5	能遵守劳动纪律，以积极的态度接受工作任务				10		
6	能积极参与小组讨论，发挥团队合作精神				10		
7	能及时完成教师布置的任务				10		
总　分					100		
小结 建议							

学习活动 4　电控单元的检查与更换

学习目标

1. 能描述电控单元的结构和工作过程。

2. 能正确判断电控单元故障，明确电控单元故障的检修内容和检修方法。

3. 能规范地完成电控单元的检查，并根据检查结果给出维修建议。

建议学时：4 学时。

学习过程

一、电控单元的结构和工作过程

电控单元是汽车发动机电控系统的核心，它可以根据发动机的不同工况，向发动机提供最佳空燃比的混合气和最佳点火时间，使发动机始终处在最佳工作状态（发动机的动力性、经济性、排放性达到最佳）。

图 8-4-1 所示为电控单元的外观和内部结构。

a）

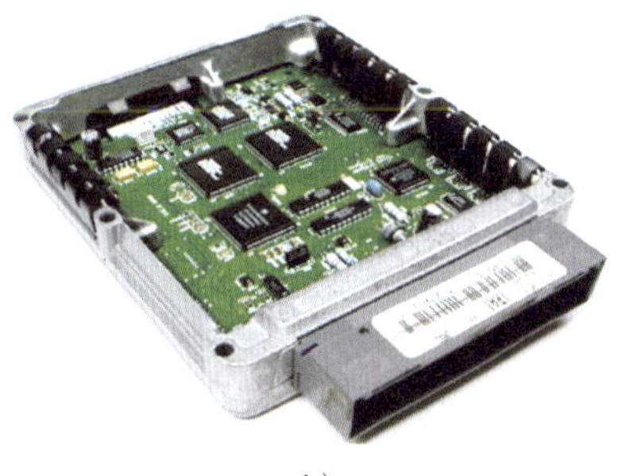

b）

图 8-4-1　电控单元的外观和内部结构
a）外观　b）内部结构

电控单元与计算机类似，都是由处理器（CPU）、输入 / 输出（I/O）接口、模数（A/D）转换器、存储单元（ROM+RAM）等组成的，其组成框图如图 8-4-2 所示。

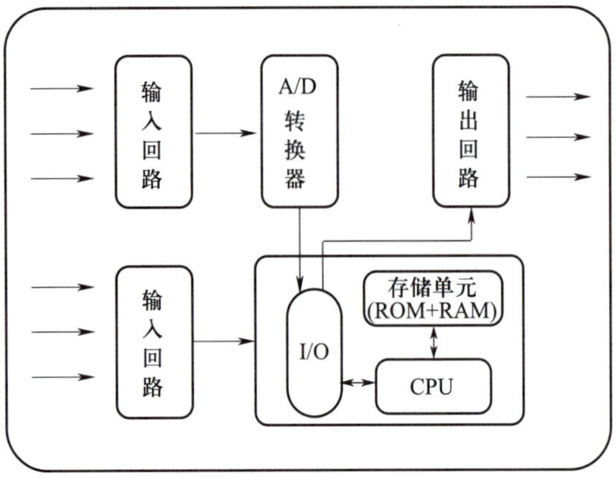

图 8-4-2　电控单元的组成框图

1．写出电控单元各组成部分的作用。

（1）输入回路

（2）A/D 转换器

（3）I/O 接口

（4）ROM

（5）RAM

（6）CPU

（7）输出回路

2．分析电控单元的工作过程。

二、制订检修方案

1．查阅资料，回答下列问题。

（1）如何判断电控单元故障?

（2）电控单元出现故障时，应主要从哪些方面对其进行检查?采用什么检修方法?

2．根据具体工作内容，明确小组成员分工，填写表 8–4–1。

表 8–4–1　小组成员分工

姓名	分工

3．根据要求列出维修所需主要工具及材料清单，填写表 8–4–2。

表 8–4–2　维修所需主要工具及材料清单

序号	工具及材料名称	单位	数量	备注

4．根据小组分工情况及客户要求，制订具体的维修工序，填写表 8–4–3。

表 8–4–3　维修工序安排

序号	维修工序内容	备注

三、检查与更换电控单元

1．根据表 8-4-4 进行电控单元的拆卸。

表 8-4-4　拆卸电控单元

序号	操作图示	作业要领	完成情况
1	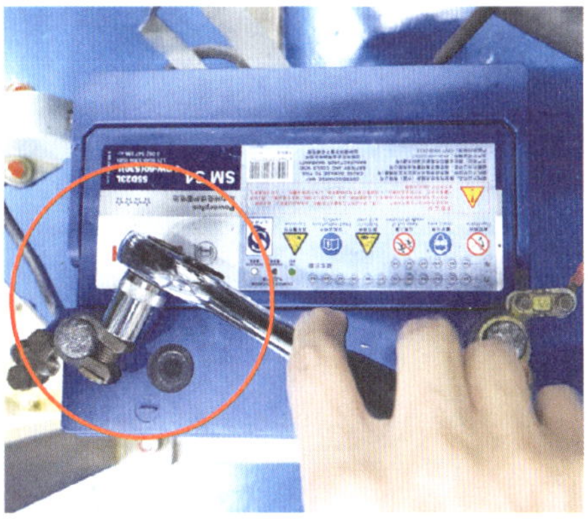	拆下蓄电池负极接线	完　成□ 未完成□
2		拔出电控单元插头 1	完　成□ 未完成□
3		拔出电控单元插头 2	完　成□ 未完成□

续表

序号	操作图示	作业要领	完成情况
4	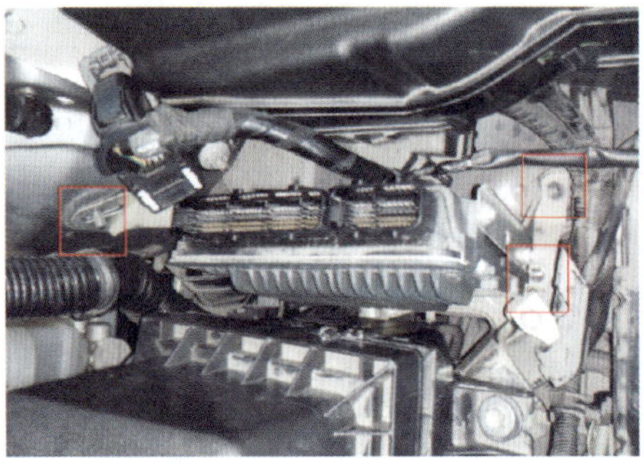	找到与电控单元相关的螺栓	完　成□ 未完成□
5		拆下电控单元螺栓 1	完　成□ 未完成□
6		拆下电控单元螺栓 2	完　成□ 未完成□
7		拆下电控单元螺栓 3	完　成□ 未完成□

续表

序号	操作图示	作业要领	完成情况
8		取出电控单元	完　成□ 未完成□

2．根据电控单元电路连接图（图 8-4-3），检查电控单元的外观、工作电压、线束连接器的牢固性以及导线的通断性、绝缘性等，并填写表 8-4-5。

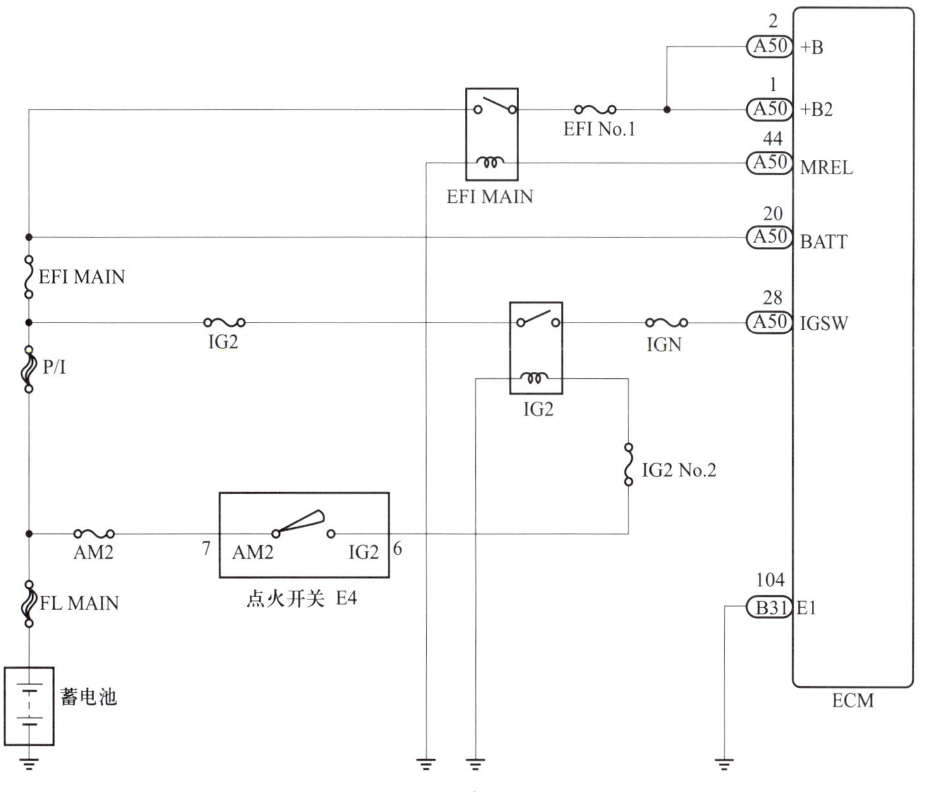

图 8-4-3　电控单元电路连接图

表 8-4-5　检查电控单元

序号	检查内容		检查方法	标准值	测量值	维修建议
1	电控单元外观检查		查看			
2	电控单元线束连接器牢固性检查		查看			
3	导线通断性检查		测电阻			
4	导线绝缘性检查		测电阻			
5	电控单元工作电压检查	测量 A50 2 号端子与蓄电池负极之间的电压	测电压			
6		测量 A50 1 号端子与蓄电池负极之间的电压	测电压			
7		测量 A50 44 号端子与蓄电池负极之间的电压	测电压			
8		测量 A50 20 号端子与蓄电池负极之间的电压	测电压			
9		测量 A50 28 号端子与蓄电池负极之间的电压	测电压			

四、学习过程评价

学习过程评价见表 8-4-6。

表 8-4-6　学习过程评价表

班级		姓名		学号		日期	年　月　日
序号	评价要点				配分 / 分	得分	总评 / 分
1	能正确识读和填写工作页，明确学习活动的要求				10		A □（86 ~ 100） B □（76 ~ 85） C □（60 ~ 75） D □（60 以下）
2	能描述电控单元的结构和工作过程				20		
3	能正确判断电控单元故障，明确电控单元故障的检修内容和检修方法				10		
4	能规范地完成电控单元的检查，并根据检查结果，给出维修建议				30		
5	能遵守劳动纪律，以积极的态度接受工作任务				10		
6	能积极参与小组讨论，发挥团队合作精神				10		
7	能及时完成教师布置的任务				10		
总　分					100		
小结建议							

学习活动 5　工作总结与评价

学习目标

1. 能以小组形式对学习过程和成果进行汇报总结。
2. 能完成对学习过程的综合评价。

建议学时：2 学时。

学习过程

一、工作总结

在世界技能大赛中，要求选手具有一定的组织规划、沟通、创新等能力，这在实际的生产工作中是十分必要的。以小组为单位，选择演示文稿、展板、海报、视频等形式中的一种或几种，向全班展示、汇报学习成果。

二、综合评价

针对本任务的学习情况，根据表 8-5-1 所列综合评价标准进行评分。

表 8-5-1　　综合评价标准

评价项目	评价内容及标准	配分 / 分	评分		
			自我评价	小组评价	教师评价
组织和管理	团队合作，合理计划，高效管理时间	3			
	及时检查工作进展和效果	3			
	保证高质量完成工作	4			
沟通能力	深度咨询客户，完全理解其要求	10			
	提供明确说明，准确回答客户疑问	10			
计划创新能力	及时处理工作中遇到的问题	10			
	提出创新性、可行性建议，提高客户满意度	10			

续表

评价项目	评价内容及标准	配分 / 分	评分		
			自我评价	小组评价	教师评价
专业知识	具备汽车电控系统各零部件的组成、作用、分类、原理等理论知识	10			
	具备汽车发动机故障警告灯亮故障检修知识	10			
实践能力	具备电控系统常用传感器的检查与更换技能	10			
	具备电控系统常用执行器的检查与更换技能	10			
	具备电控系统电控单元的检查与更换技能	10			
学生姓名		综合评价得分			
指导教师		日期			

三、学习任务八整体评价

学习任务八整体评价见表 8–5–2。

表 8–5–2　学习任务八整体评价表

项目	自我评价			小组评价			教师评价		
	10 ~ 9 分	8 ~ 6 分	5 ~ 1 分	10 ~ 9 分	8 ~ 6 分	5 ~ 1 分	10 ~ 9 分	8 ~ 6 分	5 ~ 1 分
	占总评 10%			占总评 30%			占总评 60%		
学习活动 1									
学习活动 2									
学习活动 3									
学习活动 4									
学习活动 5									
协作精神									
纪律观念									
表达与分析能力									
工作态度									
任务总体表现									
小计 / 分									
总评 / 分									

世赛知识

重型车辆维修

重型车辆维修是对工程机械、农业机械、矿山机械、林业机械、重型卡车和工业设备进行维修、保养的竞赛项目。比赛中对选手的技能要求主要包括：具备组织和执行有关保养和维护决定，液压系统及整车电气、传动、转向、制动系统故障诊断和排除，应用最合适的方法完成任务的能力；按照要求进行相应的精密测量、故障检查、相关组件和系统的保养维修工作；正确使用相关工具，在保养、维修过程中以书面形式清晰、准确地记录每项任务的技术资料。